Ich rufe täglich zu dir

Mitarbeiterinnen und Mitarbeiter

Communität Casteller Ring, Rödelsee
Gamon, Sr. Angela OSB, Abtei v.Hl.Kreuz, Herstelle
Helbich, Peter, Pfarrer, Vellmar
Knoch, Werner, Pfarrer i.R., Reutlingen
Kommunität Gnadenthal, Hünfelden
Mendt, Dieter, Oberlandeskirchenrat i.R., Dresden
Plattig, Dr. Michael O.Carm. Pater, Münster
Frère Roger, Communauté de Taizé, Frankreich
Aus Lateinamerika über WCC

Redaktion und Bearbeitung
OLKR i.R. Johannes Hasselhorn
Diedrich-Speckmann-Weg 15
29320 Hermannsburg

Ich rufe täglich zu dir

Morgen- und Abendgebete

Ausgewählt von
Johannes Hasselhorn
Mit einem Vorwort von
Landesbischof i.R. Theo Sorg

Herausgegeben
von
Maria Jepsen
Walter Kasper
Walter Klaiber
Eduard Lohse
Paul Werner Scheele
Theodor Schober
Theo Sorg

Kreuz Verlag
und
Verlag Katholisches Bibelwerk

Inhalt

Vorwort

Es ist eines der Zeichen unserer Zeit, dass jahrhundertelang geübte und gepflegte Selbstverständlichkeiten aufgehört haben, selbstverständlich zu sein. Dazu gehört auch das Beten.

Die Menschen vergangener Zeiten wussten ihr persönliches Schicksal und die Geschicke der Welt in Gottes guten Händen. Was ihnen an Schwerem und Schönem begegnete, nahmen sie ergeben oder dankbar von Gott an. Das Reden mit Gott im Gebet war für sie das Aufschauen von den Gaben zu ihrem Geber. Als Gottes Geschöpfe sprachen sie mit dem Schöpfer.

Seit der Mensch sich mündig fühlt und vieles in der Welt für ihn machbar geworden ist, meint er auf Gottes Hilfe und Beistand verzichten zu können. Er braucht ihn nicht mehr, um Nöte zu bannen. Naturwissenschaft, Technik, Medizin und Psychologie geben ihm die Überzeugung, dass man Lebensfortschritte machen und sich selbst vervollkommnen könne – ohne Gott. Das trägt mit dazu bei, dass das Wissen um die Abhängigkeit von ihm und damit auch das Gespräch mit ihm mehr und mehr erstirbt.

Nun wächst in jüngster Zeit aber bei immer mehr Menschen die Einsicht, dass wir letztlich nicht leben können von dem, was wir uns selber sagen und was uns im Gespräch mit anderen Menschen begegnet. Die Zahl derer nimmt zu, die über sich selbst hinaus zu fragen beginnen und die Antwort suchen in den vielen Angeboten unserer modernen Religionswelt.

Hier tut sich für die Kirche eine neue Chance auf. Sie kann dem Menschen von heute auf neue Weise bezeugen: Wir leben zutiefst davon, dass der Gott der Bibel uns anredet und uns als Gesprächspartner ernst nimmt. Dieses Reden Gottes gibt unsrem Leben Grund und Sinn. Gott lädt uns ein zur Antwort auf sein Reden - im Glauben, im Beten, im Hoffen. Wir dürfen mit unsern Fragen und Nöten zu ihm kommen. Wir müssen nicht für uns allein bleiben.

Es war Jesus, der seine Jünger das Beten lehrte. Denn niemand kann das aus sich selber. Indem er seinen »Schülern« das Vaterunser als »Grundschule« christlichen Betens gab, öffnete er ihnen eine Brücke zu Gott, dem Vater, der für uns da ist und der auf unsre Antwort wartet.

Weil die Bitte der Jünger Jesu »Herr, lehre uns beten!« (Lukas 11,1) auch heute immer wieder Menschen bewegt, legen wir als Hilfe und Handreichung zum Beten diese kleine »Gebetsschule« vor. Sie ist eine Frucht der seit 1982 erscheinenden ökumenischen Bibellesehilfe »Mit der Bibel durch das Jahr«. Dort werden in jedem Jahrgang eine Reihe von Gebeten angeboten, die aus den Lesern Beter machen wollen, indem sie die Benutzer der Bibellese mitnehmen auf den Weg der Beterinnen und Beter, der sich durch die ganze Geschichte der Kirche zieht.

Die hier gesammelt vorgelegten Gebete sollen helfen, vom formulierten Beten zum eigenen Gebet zu finden. Sie wollen weiterführen zum »Beten und Tun des Gerechten«, wie Dietrich Bonhoeffer einmal geschrieben hat. Denn aus gefalteten Händen werden helfende Hände, von denen verändernde, lebengestaltende und welterhaltende Kräfte ausgehen. So hat es Jochen Klepper gesagt:

»Die Hände, die zum Beten ruhn,
die macht er stark zur Tat.
Und was der Beter Hände tun,
geschieht nach Gottes Rat.«

Für die Herausgeber *D. Theo Sorg*
Landesbischof i.R.

Luthers Morgen- und Abendsegen

Vom Aufgang der Sonne
bis zu ihrem Niedergang
sei gelobet
der Name des Herrn.

KANON NACH PSALM 113,3

Morgensegen

Des Morgens, wenn du aufstehst, kannst
du dich segnen mit dem Zeichen
des heiligen Kreuzes und sagen:

Das walte Gott Vater, Sohn und Heiliger Geist! Amen.

Darauf kniend oder stehend
das Glaubensbekenntnis und das Vaterunser.
Willst du, so kannst du dies Gebet dazu sprechen:

Ich danke dir, mein himmlischer Vater,
durch Jesus Christus, deinen lieben Sohn,
dass du mich diese Nacht
vor allem Schaden und Gefahr behütet hast,
und bitte dich,
du wollest mich diesen Tag auch behüten
vor Sünden und allem Übel,
dass dir all mein Tun und Leben gefalle.
Denn ich befehle mich, meinen Leib und Seele
und alles in deine Hände.
Dein heiliger Engel sei mit mir,
dass der böse Feind keine Macht an mir finde.

Alsdann mit Freuden an dein Werk gegangen
und etwa ein Lied gesungen
oder was dir deine Andacht eingibt.

Abendsegen

Des Abends, wenn du zu Bett gehst,
kannst du dich segnen mit dem Zeichen
des heiligen Kreuzes und sagen:

Das walte Gott Vater, Sohn und Heiliger Geist! Amen.

Darauf kniend oder stehend
das Glaubensbekenntnis und das Vaterunser.
Willst du, so kannst du dies Gebet dazu sprechen:

Ich danke dir, mein himmlischer Vater,
durch Jesus Christus, deinen lieben Sohn,
dass du mich diesen Tag gnädig behütet hast,
und bitte dich,
du wollest mir vergeben alle meine Sünde,
wo ich Unrecht getan habe,
und mich diese Nacht auch gnädiglich behüten.
Denn ich befehle mich, meinen Leib und Seele
und alles in deine Hände.
Dein heiliger Engel sei mit mir,
dass der böse Feind keine Macht an mir finde.

Alsdann flugs und fröhlich geschlafen.

Morgen- und Abendgebete für vier Wochen

Du kannst beten
während du arbeitest.
Die Arbeit
hält das Gebet nicht auf
und das Gebet
nicht die Arbeit

MUTTER TERESA

Am Morgen

Dies ist der Tag, den der Herr gemacht hat;
lasst uns frohlocken und seiner uns freuen! *Psalm 118,24*

Du großer und gütiger Gott!
Du schenkst uns heute deinen Tag
und nimmst uns hinein in dein Schöpferwirken:
Wie du am Anfang gesprochen hast: »Es werde Licht!«,
so rufst du uns heute in dein Licht.
Und wie du deinen Sohn aus den Toten auferweckt hast,
so erweckst du uns heute von neuem,
dass wir leben vor deinen Augen.

Wir danken dir, dass wir deinen Tag erleben dürfen,
und wir bitten dich:
Segne uns, sei uns nahe,
wenn du uns begegnest in deinem Wort
und in den Gaben von deinem Tisch.

Gewähre es uns, dass andere Menschen durch uns
deine Nähe erfahren.
Dazu helfe uns Christus, der auferstanden ist.

Am Abend

Aus seiner Fülle haben wir ja alle empfangen,
und zwar Gnade um Gnade. *Johannes 1,16*

Vater im Himmel!
Die Sonne sinkt, und für uns geht dein Tag zu Ende.
Wir danken dir für das Geschenk der Ruhe
und für die Freude an deiner Schöpfung.

Auferstandener Christus,
Wir danken dir, dass du uns mit dir auferstehen lässt
von Morgen zu Morgen.

Heiliger Geist,
wir loben dich, denn du stehst uns bei
und schenkst uns Gemeinschaft untereinander.

Dreieiniger Gott!
Bewahre uns in dieser Nacht vor finsteren Gedanken.
Erneuere unsere Kräfte für den Weg durch die Woche.
Bewahre alle Einsamen, Traurigen und Mutlosen.
Den Enttäuschten hilf zu neuem Vertrauen.
Schenke uns allen die Gewissheit,
dass dein Licht von keiner Nacht ausgelöscht wird.
Gepriesen seist du heute und zu aller Zeit.

Am Morgen

Die Huld des Herrn, unseres Gottes, sei über uns!
Das Werk unsrer Hände wollest du fördern,
ja, fördere es, das Werk unsrer Hände! *Psalm 90,17*

Gott, unser Schöpfer!
Wir danken dir für den Schlaf und für die neuen Kräfte.
Vor uns liegen die Aufgaben dieser Woche;
da sind Menschen, denen wir begegnen werden.

Du hast auch uns den Auftrag gegeben,
deine Schöpfung zu bebauen und zu bewahren.
Du hast uns gewürdigt, deine Mitarbeiter zu sein
und Werkzeug deines Friedens.

Wir danken dir, dass du uns so Großes anvertraust.
Und deshalb bitten wir dich auch:
Führe du selber unsere Hand bei allem, was wir tun;
lenke unsere Schritte, wohin wir auch gehen;
lege dein Wort in unseren Mund.
An jedem Ort und zu jeder Stunde sei du mit uns!
Dein Wille geschehe!

Am Abend

Erhebe über uns das Licht
deines Angesichtes, o Herr. Psalm 4,7

Schöpfer aller Zeiten!
Dieser Tag ist zu Ende mit all den Aufgaben,
die uns gestellt worden sind.
Vieles ist uns gelungen.
Das freut uns, und wir wollen dafür danken.
Manches haben wir nicht geschafft.
Das beunruhigt uns.
Auch gibt es Gedanken und Worte, sogar Taten,
die uns reuen, weil sie nichts Gutes gebracht haben.

Mit allem kommen wir zu dir:
Nimm in deine Hand, was gut gewesen ist,
damit es bleibt.
Nimm in deine Hand, was unfertig ist;
bring du es zur Vollendung.
Nimm in deine Hand, was böse ist;
verwandle es in Segen
und vergib uns unsere Schuld.

Dann können wir ohne bedrückende Gedanken
in die Nacht gehen.
Lass du, Herr, dein Angesicht über uns leuchten,
ob wir wachen oder schlafen.
Dann sind wir im Frieden.

Am Morgen

Denn seine Engel wird er für dich entbieten,
dich zu behüten auf all deinen Wegen. *Psalm 91,11*

Du, mein Gott!
Wieder liegt ein Tag vor mir als dein Geschenk,
ein Tag mit seinen Stunden und vielen Möglichkeiten.
Es ist ein Tag mit all seinen Wegen,
aber auch mit seinen Gefahren:

Herr, bewahre mich davor,
dass ich anderen eine Gefahr werde.
Bewahre mich, wenn ich selber gefährdet bin.

Lass mich nicht allein, wenn mein Glaube angefochten wird,
wenn mein Vertrauen zu dir von Zweifeln zernagt wird.
Herr, bewahre mich vor mir selber.
Führe mich nicht in Versuchung!

Ich danke dir, dass du mir deine Engel senden willst.
Stelle deine Engel auch um die Menschen,
für die ich dich jetzt bitte...

Erhöre mich um Jesu willen.

Am Abend

Der Herr ist meines Lebens Zuflucht,
vor wem sollte ich erschrecken? *Psalm 27,1*

Du, mein Gott!
Die Stunden dieses Tages sind um;
ich habe die Wege hinter mir, die ich zu gehen hatte.
Ich danke dir, dass du mich begleitet hast,
auch wenn ich dich immer wieder nicht beachtet habe.
Ich danke dir für deinen Schutz.

Vater, vergib mir, wo ich Versuchungen nachgegeben habe,
wo ich mich dir entfremdet habe.
Hole mich wieder an dein Herz.

Ich denke an die Stunden dieser Nacht:
Sei du mein Licht, dann brauche ich mich nicht zu fürchten.
Und wenn der Schlaf nicht kommen will,
dann leuchtet auch über den Stunden des Wachens
dein Licht.

Du bist und bleibst die Kraft für mein Leben.
Ich danke dir.

Am Morgen

Siehe, wie fein und lieblich ist es,
wenn Brüder einträchtig beieinander wohnen!

Psalm 133,1

Vater im Himmel, du unser Vater!
Deine Liebe gilt mir und den Meinen
auch heute wieder von neuem.
Deine Liebe gleicht der Sonne,
die über allen Menschen aufgeht.
Der heutige Tag führt mich zu diesem und jenem Menschen,
meine Wege kreuzen sich mit den Wegen,
auf denen andere gehen.

Gewähre es mir,
dass ich als dein Kind dem andern so begegne,
dass er in mir die Schwester, den Bruder erkennt;
gewähre es mir, dass ich ihm nicht Hindernis bin,
sondern Wegweiser zu dir und deiner Güte.
Vater unser im Himmel, geheiligt werde dein Name!

Am Abend

Ich habe meine Seele gestillt und beruhigt.
Wie ein Entwöhnter bei seiner Mutter
ist stille in mir meine Seele. *Psalm 131,2*

Vater unser im Himmel!
Als dein Kind bin ich heute anderen Menschen begegnet.
Ob sie in mir etwas von deiner Güte erkannt haben?

Vater, ich bitte dich:
Vergib mir, wo ich lieblos gedacht habe, lieblos geredet,
ohne Liebe gehandelt.
Lass mich wieder neu beginnen,
weil ich von deiner Geduld und von deinem Erbarmen lebe.

Ich bitte dich:
Lass die Menschen, denen ich ein Hindernis gewesen bin,
dennoch dir nicht entfremdet werden.

Versöhne, die sich entzweit haben;
verbinde du, wo Streit gewesen ist.
Beschütze die Kinder, behüte die Ehen;
sei zur Seite allen, die ihren Weg allein gehen müssen.
Schenke allen Menschen bei dir Geborgenheit,
so wie ein Kind bei seiner Mutter ruhig ist und still.
Deine Güte sei über uns.

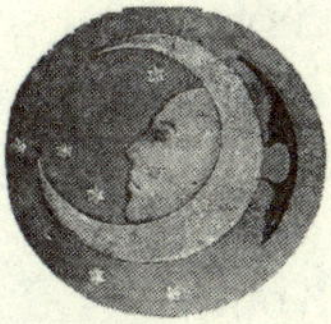

Am Morgen

Schmecket und sehet, wie gütig der Herr ist.
Wohl dem Manne, der auf ihn vertraut! *Psalm 34,9*

Jesus Christus!
Du hast die Deinen geliebt bis zum Ende und bis zum Ziel.
Weil wir aber im täglichen Kampf
deine Liebe so leicht vergessen,
holst du uns immer neu an deinen Tisch:

Weil du das Brot segnend in deine Hand nimmst,
wird es dein Leib, den du jedem Menschen schenken willst.

Weil du über dem Kelch Dank sagst,
schenkt er uns Gemeinschaft mit dir,
Gemeinschaft untereinander.

Du fügst uns zusammen
zu der einen, heiligen Kirche, die durch dich lebt.
Wir sind deine Kirche,
durch die du Menschen helfen willst, wenn sie leiden;
wir sind deine Kirche,
durch die du Menschen rufen willst, die dich nicht kennen.
Wir sind deine Kirche,
aber jede Spaltung unter uns zerreißt deinen Leib;
jeder Streit schmerzt dich.

Bringe deine Christen heute wieder zusammen,
die in dir, dem Haupt, schon geeint sind.
Baue deine Kirche.
Sende uns in deine Mission;
sende uns in deine Diakonie.
Deine Liebe sei unsere Kraft.

Am Abend

Die Guttaten des Herrn sind noch nicht aus,
ja, sie sind noch nicht zu Ende.
Jeden Morgen neu ist sein Erbarmen,
und groß ist seine Treue. *Klagelieder 3,22 f.*

Jesus Christus!
Wir haben auch heute von deiner Liebe gelebt:
Essen und Trinken sind dafür ein Zeichen.
Dein Wort, das wir hören können, ist ein Zeichen deiner Liebe,
wie auch die Gemeinschaft der Glaubenden, die uns trägt.

Herr, haben wir uns schützend vor jene Menschen gestellt,
die für deine Kirche eintreten?

Herr, haben wir heute Gutes von deiner Kirche gesagt?

O Herr, wir sind deine sehr mangelhaften Mitarbeiter.
Wir können nur leben, weil du uns die Schuld vergibst.

Wir bitten dich:
Überwinde die Mauern und Gräben,
die die Konfessionen trennen.
Führe uns zur Einheit in der Liebe.

Auch wenn wir nun schlafen und nicht an dich denken,
denkst du doch an uns.
Auch wenn wir ruhen, geht dein Werk weiter.
Lass jeden Atemzug zum Gebet werden:
Dein Reich komme!
Dein ist das Reich schon jetzt!
Lob sei dir ohne Aufhören.

Am Morgen

Also wollen auch wir hinblicken
auf den Anfänger und Vollender des Glaubens, Jesus.
Hebräer 12,1 f.

Jesus, zu dir schauen wir auf:
Du bist der Anfänger und der Vollender des Glaubens.
Im Gehorsam gegen den Willen des Vaters
bist du deinen Weg gegangen.

Den ganzen Weg bist du gegangen; nichts hast du dir erspart.
Du hast getragen und hast gelitten, bis alles vollbracht ist.
So bist du die Antwort,
die der heilige Gott gibt auf alles Leiden,
das Menschen auf dieser Erde erleiden:
Du machst die Not der Menschen zu deiner Not;
du trägst die Lasten mit den Menschen;
du trägst alle Lasten für uns Menschen.

Gib, treuer Herr, dass die Leidenden erfahren,
dass du ihnen nahe bist.
Gib, dass sie erfahren, dass deine Nähe ihnen Kraft schenkt.

O Jesus, nimm uns alle mit auf deinem Weg,
Schritt für Schritt,
und bringe uns ans Ziel – für immer.

Am Abend

In deine Hand befehle ich meinen Geist;
du erlösest mich, Herr, du getreuer Gott.

Psalm 31,6

Mein Heiland!
Müde bin ich und erschöpft.
Die Arbeit hat mich müde gemacht;
das Leiden anderer hat mich erschöpft,
aber auch mein eigenes Leiden.
Was soll nun werden?

Ich sehe dich vor mir:
Du streckst deine Arme aus am Kreuz,
weil du die ganze Welt umfangen willst.
Du öffnest mir deine Hände,
und sie sind von Nägeln durchbohrt:
Alles gibst du für deine Menschen;
alles gibst du für mich.
Darum vertraue ich mich dir an;
in deine Hände lege ich alles:
mich und meinen müden Geist
und die Last meines Lebens und die Menschen,
die mir nahe sind.

Alles lege ich in deine Hände.
Du lässt keinen fallen; auch mich hältst du fest.
Du schaffst mich neu unter deinen Händen,
denn du hast mich erlöst, du treuer Herr.
Dir vertraue ich mich an für diese Nacht und für immer.

Am Morgen

Ich vertraue dabei eben darauf, dass der,
welcher in euch ein so gutes Werk angefangen hat,
es vollenden wird bis zum Tage Christi Jesu.
Philipper 1,6

Großer Gott!
Ich blicke zurück auf die Tage dieser Woche.
Ich blicke zurück auf die Wege, die ich gegangen bin.
Ich weiß nicht, was aus all dem werden wird,
was hinter mir liegt.
Du musst es in deine Hand nehmen,
wenn etwas Gutes bleiben soll.

Ich danke dir,
dass du mir heute noch einen Tag schenkst,
an dem ich etwas tun kann: Versäumtes nachholen,
für andere dasein, Freude finden.

Mehr noch danke ich dir für deine Zusage,
die über meinem Leben steht:
Du lässt nicht liegen, was du begonnen hast;
du willst dein Werk vollenden:
dein Werk an mir, an den Meinen,
dein Werk an deiner Kirche und an deiner ganzen Welt.

Großer Gott,
nie kann ich dir genug danken.
Ich preise deine Güte.

Am Abend

Denn aus ihm und durch ihn und zu ihm hin
sind alle Dinge. Sein ist die Ehre in Ewigkeit!
Amen. *Römer 11,36*

Heiliger Gott!
Die Woche ist vollendet.
Vieles ist geschehen in unserem Leben und in der Welt:
Wir danken dir für alles, Herr unseres Lebens,
was du uns hast gelingen lassen.
Zugleich aber bitten wir dich:
Verwandle in Segen, was unter unseren
Händen verdorben ist.

Und es gibt so vieles, was wir nicht verstehen.
Aber es tröstet uns, dass du der Anfang und das Ende bist:
Bei dir, Herr, mündet alle Zeit,
und nichts, was geschehen ist, entgleitet deiner Hand.
Doch unsere Augen können deinen Plan
noch nicht erkennen.
Darum schauen wir erwartungsvoll aus nach deinem Tag.
Lass uns sein Licht aufgehen
und erwecke uns zu neuem Leben.

Wir vertrauen auf dich, weil Christus unser Erlöser ist.
Ehre sei dir in Ewigkeit.

Am Morgen

Du bist mein Gott, ich will dir danken; mein Gott, ich will dich erheben. *Psalm 118,28*

Mein Gott,
du schenkst uns diesen Tag zur Freude.
Er erinnert uns daran,
dass du Jesus Christus, deinen Sohn,
von den Toten auferweckt
und eine neue Schöpfung begonnen hast.

Danke für diese Gewissheit.
Danke, dass du für uns da bist
in deinem Wort und Sakrament
und in der Gemeinschaft der Gemeinde.
Danke, dass deine neue Schöpfung auch in uns,
in mir, Wirklichkeit ist.

Lass mein Herz heute in dir zur Ruhe kommen,
dass sich dein Friede um mich herum ausbreiten kann.
Erfülle mein Leben mit deiner Liebe,
dass daran sichtbar wird, wie gut du bist.

Du bist mein Gott: das ist dein wunderbares Geschenk!
Und ich danke dir und will dich preisen.

Am Abend

Der Herr hat unser gedacht:
Er wird segnen, die den Herrn fürchten,
die Kleinen samt den Großen. *Psalm 115,12 f.*

Herr, unser Gott,
am Abend des Sonntags danken wir dir für diesen Tag.

Wir sind dir begegnet und haben dein Wort gehört.
Wir sind zur Ruhe gekommen.
Wir haben uns an der Schönheit der Schöpfung gefreut.
Wir haben zusammengesessen und miteinander gelacht.
Die Helligkeit dieses Tages hat unserer Seele gut getan.
Es war ein gesegneter Tag,
es war wie ein Vorgeschmack der Ewigkeit.

So denken wir am Ende des Sonntags an das Ziel aller Tage.
Wir sind unterwegs, bis dein großer Tag anbricht,
an dem du Himmel und Erde erneuern
und alles in Licht und Freude verwandeln wirst.
Wir möchten dieses Ziel im Herzen behalten
und uns nicht im Vorläufigen und Vergänglichen verlieren.

Erinnere uns daran,
wenn das Alltagsgetriebe der neuen Woche uns umfängt.
Segne unser Haus und unser Tagwerk
und stärke unsere Hoffnung auf dein kommendes Reich.
Das bitten wir durch Jesus Christus, deinen Sohn.

Am Morgen

Aber lass sich freuen alle, die auf dich trauen,
lass sie jubeln immerdar; du wollest sie beschirmen,
dass jauchzen über dich, die deinen Namen lieben.
Psalm 5,12

Vater im Himmel, der du alles geschaffen hast,
ich danke dir für diesen Tag.
Ich danke dir für mein Leben,
das du mir gegeben hast.
Heute nehme ich es ganz bewusst
aus deiner Hand als kostbares Geschenk.

Im Vertrauen auf dich will ich an meine Arbeit gehen.
Hilf, dass ich sie gut machen kann,
und gib mir Kraft, wenn ich müde werde.
Lass mein Leben zum Geschenk werden für andere,
für meine Familie,
für meine Kollegen,
für die Menschen, die mit mir auf dem Wege sind.
Bewahre mich, meinen Leib,
und auch mein Reden, mein Denken und Empfinden.

Ich möchte in den Menschen und in dem,
was der Tag mir bringt,
dich und dein Handeln entdecken können.
Denn deinen Namen liebe ich.
Lass mich fröhlich sein in dir.

Am Abend

Ich will deinen Namen kundmachen
unter allen Geschlechtern;
darum werden die Völker dich preisen immer und ewig.
Psalm 45,18

Lieber himmlischer Vater,
wir stehen wieder in der Arbeit einer neuen Woche.
Hab Dank für das, was uns heute gelang.
Dir können wir auch bringen, was uns unbefriedigt ließ.
Du siehst unsere Mühe und unser Versagen.
Vergib uns unsere Schuld
und hilf uns zu tun, was uns aufgetragen ist.

Herr Jesus Christus,
wir bitten dich heute für den Dienst deiner Christenheit:

Das Licht deiner Liebe, das uns aufgegangen ist,
will noch viele Menschen erfassen.
Lass uns an unserem Ort ein Licht für andere sein!
Gib uns Zuversicht im Glauben,
Herzlichkeit in der Liebe und Klarheit in unserem Handeln.
Verwehre uns, zu Möglichkeiten und Mitteln zu greifen,
die der Schlichtheit und dem Machtverzicht
des Evangeliums widersprechen.

So lass uns als Christen ein deutliches Zeugnis dafür sein,
dass du uns Weg, Wahrheit und Leben geworden bist.

Darum loben wir dich am Tag,
dich preisen wir auch in der Nacht.
Denn du bist gut, und deine Güte währet ewiglich.

Am Morgen

Erbarme dich, Gott, erbarme dich meiner!
Denn bei dir ist mein Leben geborgen
und in den Schatten deiner Flügel flüchte ich. Psalm 57,2

Barmherziger Gott,
Du schenkst mir in deiner Liebe einen neuen Tag.
Du schenkst mir das Leben neu, dass ich es lebe für dich.

Ich danke dir dafür,
und ich danke dir für das ewige Leben
in Jesus Christus, deinem Sohn.
Du hast mich aus unverdienter Liebe
zu deinem Sohn, zu deiner Tochter gemacht.

Lass mich heute aus diesem Geschenk leben.
Ich möchte in allem, was mir Not
und Schwierigkeiten bereitet,
Zuflucht finden bei dir.
Hilf mir, Wege zu den Menschen zu entdecken,
wo Barricren sind,
und im Vertrauen zu handeln, wo Angst lähmen will.

Ich möchte, dass dieser Tag dir Freude macht.
Denn auf dich traut meine Seele.

Am Abend

Am Tage, da ich rief, erhörtest du mich;
du gabst meiner Seele große Kraft. *Psalm 138,3*

Gütiger Vater, du warst mit mir an diesem Tag,
auch da, wo ich es nicht gedacht habe.

Mein Gott,
wie die Luft mich umgibt,
so umgibt mich deine Gegenwart.
Deine Augen sehen mich,
deine Ohren sind offen für meine Anliegen,
mit dem Herzen bist du mir nah.

Ich rufe dich an für mich und meine Familie,
für alle, mit denen ich in einem Haus zusammenlebe:
Gib uns sehende Augen füreinander,
wir möchten hören können –
auch die unausgesprochenen Worte,
wir möchten einander mit dem Herzen nahe sein.
In uns wachse die Kraft,
dem anderen in Liebe zu begegnen und zu dienen.

Segne und bewahre unser Haus auch in dieser Nacht.
Dein Friede sei mit uns allen!

Am Morgen

Dem Herrn gefallen, die ihn fürchten,
die auf seine Güte harren.
Jerusalem, preise den Herrn, lobsinge, Zion,
deinem Gott! *Psalm 147,11 f.*

Du Sonne der Gerechtigkeit,
deine Güte schenkt uns diesen Tag.
Ich will dich anrufen mit allen, die dich lieben,
mit deinem ganzen Volk.
Überall hast du deine Gemeinde,
auf der ganzen Welt gibt es Menschen, die sich an dir freuen.
Mit ihnen darf ich jetzt in meinem Beten eins sein
und mich einreihen in die Schar der vielen,
die deine Güte loben.

Danke, du unsere Kraft.
Danke, dass ich nicht allein bin.
Hilf uns heute,
dass unser Tun und Lassen dir Ehre macht.
Stärke uns, zu tun, was uns aufgetragen ist,
und lass dabei unser Herz dankbar und froh sein.
Wir bitten durch Jesus Christus, unseren Heiland.

Am Abend

Vertraue auf ihn, du ganze Volksgemeinde,
schüttet euer Herz vor ihm aus!
Gott ist unsre Zuflucht. *Psalm 62,9*

Unser Vater im Himmel!
So dürfen wir dich nennen,
weil Jesus Christus es uns gelehrt hat.

Und darum kommen wir wie Kinder zu dir:
Uns ist bange, wenn wir in unsere Welt schauen,
wir fürchten uns vor Krankheit und Leid,
wir machen uns Sorgen um Menschen, die uns nahestehen,
um kleine und große Dinge, um die Zukunft.

Doch du, Vater, lässt uns darin nicht allein.
Du hast in Jesus, deinem Sohn, Krankheit und Leid,
Angst und sogar den Tod am eigenen Leib erfahren
und alle Lasten mit uns geteilt und für uns getragen.
Du verstehst uns, auf dich hoffen wir,
du bist mit uns in jedem Dunkel.

Darum bitten wir dich für Menschen in unserer Umgebung,
die in Not sind, ohne Glauben, ohne Hoffnung, ohne Liebe.
Wir bitten für den kranken Nachbarn, den fremden Kollegen,
für das verletzte Kind, den unverstandenen Jugendlichen,
für die alleingelassene Frau, den einsamen Alten.

O Herr, zeig uns den Weg zu unserem Nächsten,
der dein Kind ist, wie wir deine Kinder sind.
Wir alle brauchen dein Erbarmen und leben von deiner Liebe.
Darin hülle uns ein in dieser Nacht.

Am Morgen

O Gott, du bist mein Gott, dich suche ich;
meine Seele dürstet nach dir. *Psalm 63,2*

Gott, mein Gott!
In der Frühe dieses Tages
suche ich dich, o du mein Gott.
Du allein machst meine Seele satt,
du allein kannst meinem Leben Sinn geben,
du allein bist das Ziel von allem.

Du fängst heute morgen neu mit mir an.
Ich danke dir. So will auch ich wieder neu mit dir anfangen,
denn du bist mein Gott,
mein Innerstes dürstet nach dir.

Dich will ich suchen in allem, was der Tag bringt:
in allen Begegnungen,
in den Gesprächen,
in allen Menschen
und in den Begebenheiten.
Nichts ist ohne dich, auch nicht das, was mir schwer fällt.
Erinnere mich daran, wenn ich es vergesse,
und leite mich heute nach deinem Rat.

Am Abend

Wohl dem Volke, dessen Gott der Herr ist. *Psalm 144,15*

Lieber Vater im Himmel,
wir danken dir für deine Bewahrung an diesem Tag.
Wir haben unserer Arbeit nachgehen können,
wir haben genug zu essen gehabt,
wir konnten in Frieden leben.

An jedem Tag begegnet uns aber auch die Not der Welt.
Wir haben viele Fragen und Schwierigkeiten
in unserem eigenen Land.
Wir sehen das Ringen der Völker
um Frieden und Gerechtigkeit.
Wir sind betroffen von der Zerstörung deiner Schöpfung.

Vater, wir danken dir, dass du in Jesus Mensch geworden bist
und dass wir bei ihm wahre Menschlichkeit lernen können.
Hilf uns, dir auf deinem Weg nachzufolgen.

Herr Jesus Christus, wir danken dir
dass du Herr aller Menschen und Völker bist.
Unter deiner Herrschaft wachsen Gerechtigkeit und Liebe.
So komm und mach aller Not ein Ende!

In deine Hände befehlen wir uns für diese Nacht.
Und alle, die sich um das Gute mühen.
Und auch die anderen.

Am Morgen

Ich aber vertraue deiner Gnade.
Es frohlocke mein Herz ob deiner Hilfe!
Singen will ich dem Herrn,
dass er mir Gutes getan. *Psalm 13,6*

Mein Bruder Jesus Christus,
heute denke ich daran, dass du uns erlöst hast.
Du hast dich aufgeopfert, weil du uns gerne helfen wolltest.
Du bist den Schmerzen nicht ausgewichen,
um uns wohl zu tun.
Du hast uns durch die Vergebung
in die Gemeinschaft mit dem Vater aufgenommen.

Darum will ich heute deiner Liebe neu mein Leben öffnen.
Erneuere auch meine Liebe zu dir.

Hilf mir, den Schwierigkeiten
dieses Tages nicht auszuweichen.
Hilf mir, anderen zu vergeben, wie du mir vergeben hast.

Ich weiß, dass du gerne hilfst.
Und auch ich möchte heute
Menschen in meiner Umgebung zur Hilfe werden,
dir zuliebe.

Am Abend

Bei dem Herrn ist die Gnade,
bei ihm ist reichlich Erlösung.
Ja, er wird Israel erlösen von all seinen Sünden.
Psalm 130,7 f.

Guter Hirte,
die Arbeit einer Woche liegt hinter mir,
ich denke zurück an Begegnungen mit Menschen,
ich bin froh über das, was ich tun konnte,
und ich sehe das Unerledigte.

Mein Bruder Jesus Christus,
ich will dir danken für das Werk dieser Woche,
für meine körperlichen und geistigen Kräfte,
dafür, dass du meine Seele behütet hast.

An diesem Tag, der an dein Sterben erinnert,
möchte ich dir bringen, was nicht gut war:
meine Lieblosigkeit, wo Liebe von mir verlangt war,
Gleichgültigkeit gegenüber Menschen an meiner Seite,
Nachlässigkeit in den mir anvertrauten Aufgaben,
meine Unlust, mit anderen zu teilen,
was du mir gegeben hast.

Du warst anders, du hast nicht für dich gelebt,
sondern dein Leben für alle Menschen dahingegeben.
So nimm auch meine Schuld und vergib sie,
erneuere mein Leben durch deinen Geist,
dass es widerspiegelt, wer du bist:
der Hirte, der niemals aufhört,
seine Menschen zu lieben und für sie dazusein.

Am Morgen

Vor Zeiten hast du die Erde gegründet,
und die Himmel sind deiner Hände Werk.
Sie werden vergehen, du aber bleibst,
und deine Jahre nehmen kein Ende. *Psalm 102,26 ff.*

Unser dreieiniger Gott, Sonne und Schild,
alle deine Werke bezeugen deine Schönheit.
Auch ich will dich loben für all dein Tun.

Am Ende dieser Woche will ich dir danken,
dass du einmal alles
zu dem vollkommenen
Ende führen wirst,
für das es geschaffen ist:
diese Welt,
deine Menschheit,
die Kirche
und mein Leben.
Alles, was du begonnen hast,
bringst du zum Ziel,
zur Erfüllung in deiner Ewigkeit.
Das macht mir Hoffnung.

Nun steht der Sonntag vor der Tür,
und es gibt noch viel zu tun zu seiner Vorbereitung.
Schenke mir Frieden bei all meinem Tun.
Lass Freude durchbrechen.

Das erbitte ich von dir im Namen Jesu,
dem Anfänger und Vollender unseres Glaubens.

Am Abend

Du weisest mir den Pfad des Lebens:
Fülle der Freuden vor deinem Angesicht
und Wonnen in deiner Rechten ewiglich. *Psalm 16,11*

Du ewiger Gott, Liebhaber des Lebens,
von Woche zu Woche sind wir unterwegs zu dir.
Manchmal fällt uns der Weg leicht,
manchmal fällt er uns schwer.
Doch alles kommt aus deiner Hand
und muss uns hinführen zu dir.
Wir danken dir, dass wir dir vertrauen können
und mit Hoffnung unterwegs sind.

Wir bitten dich für Israel, das heute Sabbat gehalten hat,
und für die Christenheit,
die sich auf den Sonntag vorbereitet:
Bewahre dein Volk auf seinem Weg durch die Zeiten,
schenke Einigkeit, wo Streit und Zerrissenheit herrschen.
Erneuere in uns die Freude,
dass du lebst und unser Gott bist,
und die Gewissheit, dass einmal alles gut werden wird.

Herr, bleibe bei uns,
denn es will Abend werden und der Tag hat sich geneiget.
Bleibe bei uns am Abend dieses Tages,
am Abend dieser Woche
und am Abend dieser Welt,
dass uns nicht das Dunkel verschlinge,
sondern dein Licht uns hinüberleuchte
in die kommende Welt.

Am Morgen

Siehe, jetzt ist die hochwillkommene Zeit;
siehe, jetzt ist der Tag des Heils. *2.Korinther 6,2 b*

Jesus, du Sonne und Schild:
Heute ist der Tag, an dem es wahr wurde, dass du lebst.
Und seitdem lebst du mit uns.
Dafür danke ich dir!

Bitte erinnere mich heute durch dein Wort
und durch dein Mahl daran,
dass ich nicht allein bin,
dass ich niemals allein sein werde,
nicht in dieser Welt
und nicht in deiner kommenden Welt!

Stärke durch deine Gegenwart meinen Leib und meine Seele,
aber stärke heute auch mein Gedächtnis
für alles, was du an mir getan hast.

Stärke meinen Mut und meinen Glauben,
damit ich mit dir in die neue Woche gehe.

Am Abend

Er hat ein Gedächtnis seiner Wunder gestiftet;
gnädig und barmherzig ist der Herr. Psalm 111,4

Du, unsere Hoffnung,
hast mich heute an dich erinnert.
Und du hast mir einen Tag geschenkt,
an dem ich mich in Ruhe an dich erinnern konnte.
Dafür danke ich dir.

Nun weiß ich aufs neue,
wer du bist und was du für mich getan hast,
und gehe erholt und geborgen in die neue Woche.
Dafür danke ich dir.

Bitte lass es nicht zu,
dass ich dich und deine Taten
morgen schon vergesse
und diese neue Woche aus eigener Kraft
und nach meinem Willen gestalte!
Mache die kommende Woche
zu deiner Woche
mit mir!

Am Morgen

Christus spricht:
»Siehe, ich bin bei euch alle Tage,
bis an das Ende der Welt.« *Matthäus 28,20*

Du Menschenhüter,
ich weiß, wer die Welt geschaffen hat,
die mich umgibt
und die heute mein Arbeitsfeld ist.
Dafür danke ich dir.
Und inmitten von Menschen, die dich nicht kennen,
fühle ich mich sicher in deiner Hand.
Dafür danke ich dir.

Mache es möglich,
dass die Welt heute durch mich
ein wenig von deiner Herrlichkeit zu spüren bekommt!
Lass Menschen durch mich
ein wenig von deiner Liebe erfahren,
damit sie Lust bekommen,
dich kennen zu lernen.

Am Abend

Heische von mir, so gebe ich dir Völker zum Erbe,
die Enden der Erde zum Eigentum. Psalm 2,8

Du Gott mit uns,
ich danke dir für alle Menschen,
die dich heute neu kennen gelernt
und deine Güte erlebt haben.
Und ich danke dir, dass du auch heute
Menschen fähig gemacht hast
dein Wort weiterzugeben.

Bitte mache unsere ganze Kirche
glaubwürdig vor der Welt!
Gib ihr eine Sprache und ein Leben,
das überzeugen kann!
Und lass mich nicht vergessen,
dass du auch mich
zu einem Glied deiner Kirche gemacht hast.

Am Morgen

Jeder von uns lebe dem Nächsten zu Gefallen
für das Gute, zu seiner Auferbauung. *Römer 15,2*

Ich bin nicht allein, du mein Lehrer,
ich habe Familie, habe Verwandte und Freunde.
Dafür danke ich dir.
Ich kenne Menschen,
die an mich denken,
die mir helfen, wenn ich sie brauche,
und denen ich helfe, wenn sie mich brauchen.
Dafür danke ich dir.

Bitte, Jesus, lass es nicht zu,
dass Ehen und Familien auseinander gerissen werden.
Lass es nicht zu,
dass Menschen niemanden haben,
der ihnen zur Seite steht.
Lass es aber auch nicht zu,
dass Menschen durch eigene Schuld vereinsamen
und ungeliebt leben müssen.
Lass mich in jedem Menschen
dein Geschöpf erkennen
und die Schwester und den Bruder,
die du mir zur Seite gestellt hast.

Am Abend

Deshalb beuge ich meine Kniee vor dem Vater,
auf dass Christus durch den Glauben
in euren Herzen wohne, indem ihr in der Liebe
gewurzelt und gegründet seid. *Epheser 3,14.17*

Vater, ich danke dir für alle Liebe,
die ich heute erfahren habe.
Ich danke dir, dass mir Menschen begegnet sind,
über die ich mich freuen konnte.
Und ich danke dir dafür,
dass ich heute etwas Sinnvolles tun konnte.

Aber nicht alles war sinnvoll und gut,
was ich erlebte,
ohne meine Schuld
und durch meine Schuld.
Bitte vergib mir!
Ich möchte es morgen besser machen!

Am Morgen

Jesus spricht: »Euch aber habe ich Freunde genannt,
denn alles, was ich von meinem Vater gehört habe,
das habe ich euch kundgetan.« *Johannes 15,15 b*

Jesus, ich danke dir,
dass du mein Freund bist
und dass du mich zu deinem Freunde gemacht hast.
Ich danke dir,
dass du so freundlich mit mir umgehst.
Das macht mir Lust,
heute mit Menschen freundlich umzugehen,
die ich eigentlich nicht leiden kann.

Bitte hilf mir,
dass ich dir Menschen zu Freunden mache!
Dass ich auch mir Menschen zu Freunden mache
in deinem Namen!
Und lass mich heute auch dort,
wo ich etwas zu sagen habe,
anderen dienen.

Am Abend

Wie jeder eine Gnadengabe empfangen hat,
so dienet damit einander als gute Haushalter
der mannigfaltigen Gnade Gottes! *1.Petrus 4,10*

Jesus, du dienst uns allen,
bitte vergib mir am Ende dieses Tages,
wenn ich es nicht immer fertig gebracht habe,
dir und anderen zu dienen.
Vergib mir,
wenn ich versucht habe,
zu herrschen und zu beherrschen,
wo das Dienen deinem Willen
besser entsprochen hätte.

Stärke unsere Gemeinden und unsere Kirche
in ihrem Dienst an der Welt
und hilf ihnen,
dass sie sich immer auf die Seite
der Schwachen und Schwächsten stellen,
so wie du es uns vorgelebt hast.

Am Morgen

Der Herr thront ewiglich;
er hat seinen Thron zum Gerichte aufgestellt.
Und er richtet den Erdkreis mit Gerechtigkeit;
er spricht Recht den Völkern mit Billigkeit. *Psalm 9,8 f.*

Schöpfer Himmels und der Erde!
Du wirst auch heute das Land regieren,
in dem ich lebe.
Du hast auch heute die ganze Welt
in deiner Hand.
Dafür danke ich dir.
Auch heute kann niemand
etwas gegen deinen Willen tun,
und sei er noch so mächtig.
Dafür danke ich dir.

Bitte hilf mir,
dass ich allein dir gehorche
in allen Entscheidungen,
die ich heute zu treffen habe.
Bitte hilf mir,
dass durch mein Handeln für andere
etwas von deiner Herrschaft sichtbar wird.

Gib mir einen klaren Blick für alles,
was unrecht ist,
und gib mit den Mut,
deinen Willen zur Sprache zu bringen.

Am Abend

Die Herrschaft über die Welt ist unserem Herrn
und seinem Gesalbten zuteil geworden,
und er wird herrschen in alle Ewigkeit.
Offenbarung 11,15 b

Du gerechter Herrscher,
es war nicht immer dein Wille,
den ich heute vertreten,
und dein Wort,
nach dem ich mich heute gerichtet habe.
Bitte vergib mir!

Und ich konnte in den Schreckensnachrichten
dieses Tages oft nicht erkennen,
dass du am Werke bist.
Ich habe mich ohnmächtig gefühlt
und dir manchmal keine Macht mehr zugetraut.
Bitte vergib mir!

Lass mich den Glauben an dich
als den Schöpfer und Erhalter dieser Welt
immer wieder finden
und neu bewähren.

Ich danke dir,
dass du deine Hand über der Welt
und auch über mir hältst,
Tag und Nacht.

Am Morgen

Christus spricht: »Wo zwei oder drei
in meinem Namen versammelt sind,
da bin ich mitten unter ihnen.« *Matthäus 18,20*

Jesus Christus,
ich bin dein Eigentum
und damit als dein Freund oder deine Freundin
nicht allein.

Ich weiß Menschen,
die dich kennen und an dich glauben.
Dafür danke ich dir.
Und wenn ich sie heute nicht zu Gesicht bekomme,
so bin ich doch im Gebet mit ihnen vereint,
und so bist du auch heute mitten unter uns.
Dafür danke ich dir.

Bitte bringe auch heute Menschen zusammen,
die an dich glauben
und sich nach deinem Namen nennen.
Lass unter uns keine Spaltungen zu.
Mache unser Zusammenleben zu einem Zeugnis
deiner Liebe und deiner Güte,
und lass auf diese Weise
das ganze Leben unserer Gemeinden und Kirchen
eine lebendige Predigt deiner Botschaft sein.

Am Abend

Verkünden will ich deinen Namen meinen Brüdern,
inmitten der Gemeinde will ich dich preisen. Psalm 22,23

Du Erbarmer,
ich habe heute oft versagt,
und ich weiß,
dass auch deine Kirche heute oft versagt hat
an vielen Orten, wo ihr klares Zeugnis
und ihr selbstloser Dienst gebraucht worden wären.

Aber du hast mich und hast sie
auch heute bewahrt und gerettet
und uns einen neuen Anfang möglich gemacht.
Dafür danke ich dir.

Durch deine Liebe
und deine Bereitschaft zur Vergebung
haben wir alle, Christen und Gemeinden und Kirchen,
diesen Tag bestehen können.
Dafür danken wir dir.

Bitte vergib uns unser Versagen!
Bitte mache mit mir und mit deiner Kirche
auch heute einen Anfang,
der uns Mut macht für den neuen Tag
und uns ruhig schlafen lässt.

Am Morgen

Wenn du die Sünden anrechnest, Herr, wer kann bestehen?
Doch bei dir ist Vergebung, auf dass man dich fürchte.
Psalm 130,3 f.

Lieber Vater im Himmel!
Am Ende dieser Woche will ich mich darauf besinnen,
wie du mich begleitet hast.
Ich danke dir,
dass du auch dann bei mir warst,
wenn ich dich nicht gespürt
oder wenn ich dich gar vergessen habe.

Ich danke dir, dass die fröhlichen Stunden
mit dir fröhlicher waren
und die schweren Stunden
mit dir nicht so schwer.

Bitte gib mir heute Gelegenheit,
deine Nähe auch dort zu entdecken,
wo ich zweifelte
und wo ich mit dir gehadert habe,
bewusst und unbewusst!
Bitte mach die zu Ende gehende Woche
auch in meiner Erinnerung
ganz und gar zu deiner Woche!

Am Abend

Ich will dir danken in großer Gemeinde,
unter vielem Volk will ich dich preisen. *Psalm 35,18*

Du unser Trost,
nun ist die Woche zu Ende.
Nun habe ich getan,
was ich tun konnte.
Nun hast du vergeben,
was ich versäumt habe.
Nun hast du meine Fehler korrigiert.
Nun kann ich zur Ruhe kommen
und zur Ruhe gehen.
Dafür danke ich dir.

Bitte nutze die Nacht,
um mich vorzubereiten auf deinen Tag,
und schenke mir morgen ein paar Stunden,
in denen ich nur für dich da sein kann
und in denen ich auch Lust habe,
nur für dich da zu sein.

Am Morgen

Dies ist der Tag, den der Herr gemacht hat;
lasst uns frohlocken und seiner uns freuen! *Psalm 118,24*

Herr, unser Gott, jeder Tag ist dein Geschenk,
und jeden Tag bist du uns nahe.
Der Sonntag ist dein Tag, der Tag des Herrn.
Lass uns zur Ruhe kommen,
schenke uns Muße und Zeit füreinander.
Gib uns heute die Kraft
zu kreativer Gestaltung unserer Freizeit,
Wecke die schöpferische Macht auf,
die du in uns eingesenkt hast,
damit wir diesen Tag feiern
in der Freude an deiner Schöpfung,
im Lob für deine Heilstaten
und im Dank für deine Gegenwart in unserem Leben.

Schenke uns Offenheit für dein Wort im Gottesdienst.
Gib deinen Geist Predigern und Predigerinnen,
dass ihre Worte die Herzen der Menschen treffen.
Sei uns nahe in deinem Sakrament
und lass uns in der Schwester und im Bruder
neben uns dich erahnen.

Danke, dass du uns solche Tage schenkst,
an denen deutlich wird,
dass der Mensch mehr ist als seine Arbeit,
mehr als seine Karriere, mehr als sein Konsum,
dass er berufen ist, die Schöpfung zu gestalten
im Wechsel von Arbeit und Muße,
von Anstrengung und Ruhe, von Alltag und Sonntag.

Danke, Herr.

Am Abend

Danket dem Herrn, denn er ist freundlich,
und seine Güte währet ewig! *Psalm 118,29*

Herr, mein Gott.
Am Abend deines Tages will ich dir danken.
Du beschenkst mich immer wieder
und lässt mich deinen Segen erfahren.
Du schenkst mir dein Wort.
Du schenkst mir Gedanken von Menschen zu deinem Wort.
Du stiftest Begegnung, ermöglichst Erkenntnis im Gespräch,
du gibst mir Orte der Ruhe für meine Seele,
meinen Geist, meinen Leib.
Dein Segen begleite mich in dieser Woche.

Sieh auf alle, für die dieser Sonntag kein Tag der Muße war,
die für uns arbeiten mussten in unterschiedlichsten Diensten.
Erbarme dich aller, die keinen Sinn in diesem Tag
finden konnten,
die ihre Zeit totschlagen mussten mit Geschäftigkeit
oder von Langeweile heimgesucht waren.

Sei allen nahe, für die dieser Tag
auch nur ein Tag wie jeder andere war,
ein Tag ihrer Krankheit, ein Tag des Wartens auf den Tod,
ein Tag der Routine, ein Tag des Konsums.
Erbarme dich aller und erbarme dich meiner,
denn auch ich gehöre zu diesen Menschen,
bin ihre Schwester, ihr Bruder,
und manchmal bin ich es selber,
der an deinem Tag dich nicht entdeckt.

Erbarme dich, Herr.

Am Morgen

Ich bin das A und das O,
der Anfang und das Ende. *Offenbarung 21,6*

Jesus, du bist der Anfang und das Ende,
dein Segen begleitet jeden Anfang und jedes Ende,
so bist du auch bei mir
am Beginn meiner Arbeit in dieser Woche.
Erinnere mich immer wieder an deine Zusage,
an dein Mit-mir-Sein,
denn im Getriebe des Alltags
drängen sich oft andere Dinge vor,
scheinen wichtiger zu sein, verstellen mir den Blick auf dich.

Aus der Gewissheit deiner Gegenwart
wachse in mir die Gelassenheit,
werde stark in mir die Hoffnung
und erscheine durch mich deine Freundlichkeit
den Menschen, denen ich begegne.

Schenke meiner Anstrengung und Mühe Erfolg,
lass meine ehrlichen Versuche gelingen,
bewahre mich aber gleichzeitig
vor dem Übermut der Erfolgreichen
und halte meine Augen und Ohren offen
für den Anblick und den Anruf meines Bruders,
meiner Schwester.

Jesus, du bist der Anfang und das Ende,
segne meinen Anfang und mein Ende.

Am Abend

Ich vertraue auf Gott, preise sein Wort.
Auf Gott vertraue ich, fürchte mich nicht;
was könnten Menschen mir antun? Psalm 56,5

Ja, Gott, ich vertraue dir, grundsätzlich zumindest.
Der Glaube an dich trägt mein Leben, das weiß ich,
und manchmal ist er auch Wirklichkeit in meinem Alltag.
Eigentlich brauche ich nichts und niemand zu fürchten,
was kann mir denn letztlich geschehen
mit dir an meiner Seite?!

Und doch sind da immer wieder
Situationen der Furcht in meinem Leben,
Furcht vor anderen, die mir etwas tun könnten,
die meine Seele verletzen,
die mächtiger sind als ich, klüger, intelligenter,
rücksichtsloser, erfolgreicher.
Sie machen mir Angst, manchmal.
Auch heute gab es wieder Situationen,
wo mich das Vertrauen verlassen hatte,
wo wieder die Furcht mein Herz ergriff,
wo dein Wort nicht mehr lebendig war in mir.

Herr, nimm auch diese Zeiten meines Tages an
und lass meinen Glauben wachsen,
stärke das Bewusstsein in mir,
dass nichts und niemand mir etwas antun kann
und ich deshalb auch niemandem etwas antun muss,
sondern im Vertrauen auf dich die Furcht besiegen kann.

Erbarme dich meiner, mein Vater.

Am Morgen

Mir sagt das Herz, dass du gebietest:
Suchet mein Antlitz!
Dein Antlitz, o Herr, will ich suchen. *Psalm 27,8*

Lebendiger, heute will ich meine Augen offenhalten,
nach dir in meinem Alltag suchen.

Im Gesicht der Menschen, denen ich begegne,
will ich dein Angesicht suchen:
Im Gesicht des lachenden Kindes.
In den Tränen auf dem Gesicht des Kranken.
In den Furchen eines alten, reifen Gesichtes.
Im verkrampften Gesicht des Karrieremenschen.
Im Lächeln der Liebenden.
In der Schönheit der Gesichter
und in der Entstelltheit mancher Gesichtszüge.
Überall will ich dein Angesicht entdecken, Gott,
denn alle sind Menschen wie ich,
geschaffen als dein Ebenbild und dazu berufen,
dich widerzuspiegeln.
So lass mich dein Angesicht suchen und finden.

Schenke mir das richtige Wort,
das nötige Schweigen,
die langmütige Geduld für diese Suche
und gib, dass ich darüber die eigene
»Gesichtspflege« nicht vergesse,
denn auch mein Gesicht
ist ein Spiegel deines Angesichts für andere.

Begleite mich, lebendiger Gott.

Am Abend

Wir alle aber spiegeln mit aufgedecktem Angesicht
die Herrlichkeit des Herrn wider und werden dadurch
in dasselbe Bild verwandelt von Herrlichkeit zu Herrlichkeit,
wie von dem Herrn aus, welcher Geist ist.

2. Korinther 3,18

Herr, mein Gott,
am Ende dieses Tages komme ich zu dir.
Ich lege diesen Tag vor dich hin mit allem, was er enthält.
Sieh gnädig auf mein Bemühen
und erbarme dich meines Versagens.
Es ist oft nicht so einfach, dein Angesicht
zu suchen und zu finden,
manche Maske starrt mich an,
es ist oft mühsam, hinter Masken zu schauen
und dein Bild zu entdecken.

Auch ich selber verstecke mich oft hinter Masken,
bin eine Karikatur meiner selbst.
Dann ist es schwierig für andere,
mich, und dich in mir, zu erkennen.
Diese Erfahrung führt mich an meine Grenzen.
Letztlich kann ich es nicht machen.
Da ist es tröstlich zu hören, dass du es machst,
dass dein Geist uns verwandelt in dein Bild,
von Herrlichkeit zu Herrlichkeit.

Wandle auch mich, Herr, immer mehr jeden Tag,
damit ich deine Herrlichkeit
mit enthülltem Angesicht ohne Maske
widerspiegle für die Menschen, die mir begegnen.

Verwandle mich, Herr.

Am Morgen

Denn das Wort Gottes ist lebendig und wirksam und schärfer als jedes zweischneidige Schwert. *Hebräer 4,12 a*

Licht der Welt,
ein neuer Tag beginnt, auch er steht unter deinem Wort.
Auch heute soll dein Wort für mich Orientierung
und Wegweisung sein.
Ich spüre den Anspruch deines Wortes,
es fordert mich heraus,
es unterscheidet und ruft in die Entscheidung.
Gib mir den Mut,
mich heute dieser Herausforderung zu stellen.
Gib mir den Geist der Unterscheidung
und die Kraft zur Entscheidung.

Gib mir genug Geduld,
damit ich keine voreiligen Entscheidungen treffe,
aber auch genügend Entschiedenheit,
mich nicht vor ihnen zu drücken.

Lenke durch dein lebendiges Wort meine Worte und Taten
und gib mir Anteil an deiner Kraft und Schärfe.

Am Abend

Alles was ihr tut mit Wort oder mit Werk,
das tut alles im Namen des Herrn Jesus. *Kolosser 3,17*

Herr, unser Gott,
in Jesus, deinem Sohn, hast du uns ein Vorbild geschenkt.
Er ist unser Bruder, einer von uns geworden,
damit wir dich erkennen und unser Leben an ihm ausrichten.

Meine Worte und Werke am heutigen Tag
haben manchmal dem Namen Jesu Ehre gemacht,
da und dort ist es gelungen, zu leben wie er.
Doch gab es auch Worte und Taten,
die nicht an ihn erinnerten.

Danke, Gott, dass du in Christus
uns so nahe gekommen bist,
dass wir täglich neu den Reichtum
seiner Botschaft entdecken
und täglich neu beginnen dürfen,
unser Leben nach seinem Vorbild zu gestalten.
Gib uns die notwendige Energie,
wirklich täglich anzufangen,
und vollende unser Stückwerk.

Sieh gnädig auf uns, Herr,
und lass dein Angesicht leuchten über uns.

Am Morgen

So wahr der Herr lebt,
in dessen Dienst ich stehe. *1. Könige 17,1*

Herr, mein Gott,
auch heute will ich den Tag mit dir beginnen,
auch heute weiß ich, ich stehe vor dir,
du bist gegenwärtig in meinem Leben,
du begleitest mich
mit deinem wohlwollenden und barmherzigen Blick,
mit deinem Segen.

Manchmal weiß ich darum,
und dann erfüllt Freude mein Herz.
Ich weiß mich gehalten von dir.
Im Vertrauen darauf,
im Glauben daran kann ich mein Leben gestalten.
Du bist kein toter Götze, du bist lebendig
und nimmst lebendigen Anteil an meinem Leben,
weil du mich liebst.
In Jesus, deinem Sohn,
hast du diese Liebe zu mir anschaulich gemacht,
er ist der Zeuge deiner Lebendigkeit und mein Bruder,
der Anteil genommen hat an meinem Leben bis in den Tod.
Ihn hast du auferweckt und mir die Hoffnung gegeben,
dass die Lebendigkeit meines Lebens im Tod nicht endet,
sondern in dir auf ewig aufgehoben ist.

Manchmal geht dieses Bewusstsein
in meinem Alltag verloren,
dann erinnere mich an deine Gegenwart,
Herr, mein Gott.

Am Abend

Mit allem Gebet und Flehen betet zu jeder Zeit im Geiste, und seid hierzu wach mit aller Beharrlichkeit und Fürbitte für alle Heiligen. *Epheser 6,18*

Wieder geht ein Tag zu Ende, Herr, wieder wird es Abend.
Ich halte Rückschau und erkenne,
es ist nicht so leicht, vor dir und mit dir zu leben.
Vieles lenkt mich ab,
tausend Kleinigkeiten beanspruchen meine Aufmerksamkeit,
eine Vielzahl von Informationen und Meinungen
stürmt auf mich ein.
Und dann ist da die tägliche Routine, die einschläfert,
die oft unveränderbar und unverrückbar scheint.
An vieles habe ich mich gewöhnt,
mit manchem mich abgefunden.
Doch ich merke,
dass Gewöhnung und scheinbare Notwendigkeiten
mein Leben lähmen.

Herr, halte mich wach, rüttle mich immer wieder auf,
gib, dass ich mich nicht an die Not in der Welt gewöhne,
nicht abfinde mit dem Zustand unserer Erde.
Lass mich auf der Hut sein und wachsam gegenüber allen,
die mich mit schönen Worten
und glatten Lösungen kaufen wollen,
die mir Sündenböcke präsentieren für ihre und meine Fehler,
die es mir bequem machen,
mich rauszuhalten und mich zu entschuldigen.

Rüttle mich auf, Herr, und halte mich wach.

Am Morgen

Meine Seele klebt am Staube;
belebe mich nach deinem Worte. *Psalm 119,25*

Herr, es gibt Tage, an denen es schwer fällt zu beginnen,
alles scheint sich nur zu wiederholen,
täglich der gleiche Trott,
wie eingezwängt in eine Tretmühle fühle ich mich dann.
Alles scheint dunkel zu sein, nichts bewegt sich mehr,
wie eingefroren sind meine Glieder,
wie eingetrocknet meine Gedanken,
und ich liege am Boden.

Dann, Herr, mein Gott, sei mir besonders nahe,
stärke meinen Glauben an dich
gerade dann, wenn ich dich nicht erfahre.
Lass Licht in mein Dunkel fallen,
belebe mich durch dein Wort,
blase deinen Lebensatem wie am Anfang der Schöpfung
in meine starren, steifen und toten Glieder.

Verlass mich nicht, Herr, mein Gott!

Am Abend

Gedenke des Wortes an deinen Knecht,
dieweil du mich hoffen ließest. *Psalm 119,49*

Treuer Menschenhüter,
alles, was heute war, lege ich vor dich hin.
Manches ist gelungen, manches ging schief.
Wieder bin ich ein Stück Weg gegangen,
du warst bei mir.

Heute und schon früher gab es Situationen,
in denen dein Wort mich erreichte,
mir Orientierung gab, mich tröstete und aufmunterte.
Herr, dein Wort gibt mir Hoffnung,
es erzählt von deiner Menschenfreundlichkeit
und davon, dass du dich immer wieder
unserer Schwachheit annimmst
und dich unser erbarmst.

So brauche ich dir auch heute abend nichts vorzumachen,
du kennst mich und weißt, wie es um mich steht.
Auf dich und deine Barmherzigkeit kann ich mich verlassen.
Das lässt mich ruhig in die Zukunft blicken und
versöhnt die Vergangenheit betrachten.

Herr, du meine Hoffnung, ich danke dir.

Am Morgen

Lehre uns unsere Tage zählen,
dass wir ein weises Herz gewinnen. *Psalm 90,12*

Herr, mein Gott,
wieder geht eine Woche zu Ende,
eine Woche dieses Jahres,
eine Woche meines Lebens.
Wie viele Wochen werde ich noch erleben,
wie viele Jahre werden mir noch geschenkt?
Du allein weißt es und hast meine Tage gezählt.
Lehre auch mich, meine Tage zu zählen,
nicht einfach dahinzuleben,
sondern bewusst mein Leben zu gestalten.

Erinnere mich immer wieder daran,
dass mein Leben eine Grenze hat
und dass ich mich hier nicht auf ewig einzurichten brauche.

Schenke mir Freude und Glück in diesem Leben,
lass mich Liebe erfahren und Liebe schenken.
Gib, dass ich Wichtiges von Unwichtigem trennen
und das Unwichtige lassen kann.

Ganz in dieser Welt und mit den Menschen möchte ich leben
und doch immer schon darüber hinaus sein
in meiner Hoffnung auf eine Zukunft,
die du für mich bereithältst.

Herr des Lebens, das Leben in dir ist meine Zukunft,
das sei mein Trost, heute und immer.

Am Abend

Das Gras verdorrt, die Blume welkt;
aber das Wort unseres Gottes bleibt in Ewigkeit.

Jesaja 40,8

Du Vater der Ewigkeit,
auch dieser Tag ist vergangen.
Die Tage kommen und gehen,
keiner bleibt.
Während ich mit dir rede, vergeht unaufhörlich Zeit,
Tageszeit, Lebenszeit.
Alles vergeht, auch ich selber.

Ich bin wieder einen Tag älter geworden,
nach und nach werden mich meine Kräfte verlassen,
vieles, was mir heute noch leicht fällt,
wird bald schon schwierig werden.
Das macht mich traurig,
und manchmal habe ich Angst vor dem,
was noch auf mich zukommen wird,
vor dem, was noch auf meinem Lebensweg liegen könnte.

Und doch weiß ich, was auch immer geschieht,
auf dich kann ich mich verlassen,
deine Zusage, dein Wort ziehst du niemals zurück,
es hat Bestand in Ewigkeit.
Wenn alles vergeht, du bleibst an meiner Seite.

Darauf hoffe ich, Gott, und daran richte ich mich auf.

Gebete zu ausgewählten Themen

Für jeden Tag

Die Klagemauer
im Blitz eines Gebetes
stürzt sie zusammen.

Gott ist
ein Gebet weit
von uns entfernt.

NELLY SACHS

Lobpreis

Nach deiner Anbetung und deinem Preise
steht das Verlangen der Seele. *Jesaja 26,8*

Jesus, guter Meister,
dass du Gefangene befreist –
wir loben dich
dass du Fesseln zerreißt –
wir loben dich
dass du durch alle Dunkelheiten hindurch
dein Licht einlässt –
wir loben dich
dass du verschlossene Türen öffnest –
wir loben dich
dass du Mauern sprengst, auch die Mauern unserer Herzen -
wir loben dich
dass du Freiheit schenkst,
auch da, wo wir es noch nicht sehen –
wir loben dich
dass du ganz neu Vertrauen zwischen Menschen stiftest –
wir loben dich
dass Menschen wieder durchatmen können,
weil du Schuld vergibst –
wir loben dich
dass du uns so liebst,
dafür danken wir dir heute und in Ewigkeit.

Aufbruch

So ist uns das prophetische Wort, das wir haben,
fester geworden.
Und ihr tut gut, darauf zu achten als auf ein Licht,
das an einem dunkeln Orte scheint,
bis der Tag anbricht
und der Morgenstern aufgeht in euren Herzen.

2. Petrus 1,19

Du Schönster unter den Menschenkindern,
du bist es, der mein Leben aufbricht
aus dem Einst ins »Jetzt aber«,
aus dem Alten ins Neue hinein,
aus der Dunkelheit in dein wunderbares Licht,
aus der Zerrissenheit in dein Heil,
aus der Enge in deine Weite,
aus dem Tod in deine Auferstehung,
aus dem Leid in deine Freude hinein,
aus dem Nein in dein Ja,
aus der Gefangenschaft in deine Freiheit,
aus der Blindheit in dein Sehen,
aus meinem Mangel in deine Fülle,
aus meiner Asche in deine Schönheit.

Du bist es, o Jesus Christus Morgenstern,
der mein Leben hineinnimmt in sein Reich
und mich vor dem Thron Gottes vertritt –
jetzt schon – aber noch nicht vollendet,
reich – aber noch nicht in letzter Fülle,
herrlich – aber noch nicht verherrlicht.
Ich bete dich an.

Liebe

Wenn ich allen Glauben habe,
sodass ich Berge versetze,
habe aber die Liebe nicht,
so bin ich nichts. *1. Korinther 13,2 b*

Christus,
hätten wir einen Glauben,
der selbst Berge versetzt,
was wären wir
ohne brennende Nächstenliebe?

Du liebst uns.
Was wären wir
ohne den Geist,
der in unsern Herzen wohnt?

Du liebst uns.
Du nimmst alles auf dich
und bahnst uns so einen Weg
hin zum Frieden Gottes,
zu Gott, der weder Leiden noch Tod
noch menschliches Elend will,
sondern unablässig sagt:
»Meine Liebe zu dir
wird nie vergehen.«

Staunen

Denn aus der Größe und Schönheit der Geschöpfe
lässt sich durch richtige Folgerung
auch ihr Schöpfer erschauen. *Weisheit 13,5*

Du Licht der Menschen,
mit welch einer Würde hast du uns beschenkt,
dir zu entsprechen in unserem ganzen Sein,
dir zu antworten mit unserer ganzen Existenz.
Wir können nur staunen, dass du uns meinst,
dass du uns beiseite nimmst,
uns heiligst als dein Volk, als deine Gemeinde.
Wir staunen über dein uns zugewandtes Angesicht,
das Leben und Segen für uns ist – auch heute wieder.
Wir staunen über deine Augen,
die uns Stunde um Stunde führen und leiten.
Wir staunen, dass du so ganz Ohr wieder bist heute
für alle unsere Anliegen, für unser Seufzen und Jubeln.
Wir staunen über deine Hände,
die uns bergen und halten auf all unseren Wegen.
Wir staunen über deine Füße,
in deren Spuren wir heute unsren je eigenen Weg
entdecken und finden können.
Wir staunen über dein
Mensch gewordenes Wort – Jesus – für uns.
Wir staunen, dass du uns dein Wort anvertraust.

Wir staunen und beten dich an.

Hoffnung

So kann der Schwache Hoffnung haben,
die Bosheit aber verschließt ihr Maul. Hiob 5,16

Vater aller Menschen.
Ich will ein Bote der Hoffnung sein,
Licht bringen mit meinen Augen,
leidenschaftliche Unruhe mit meinen schwachen Händen
und die belebende Kraft Gottes mit meinen Worten.

Ich will einer sein, der Freiheit sät
unter den Menschen, meinen Brüdern und Schwestern –
das Reich zu bauen auf dieser Erde,
dieser guten – uns anvertrauten !

Ich werde nicht gehen
auf den Wegen der Ungerechtigkeit.

Ich werde mich nicht abfinden
mit der Unterdrückung der Ärmsten.

Ich werde Kraft trinken dort,
wo das Volk trinkt,
und werde meinen Platz haben,
wo es ein menschliches Wesen gibt.

Mein Schweigen
wird das geheimnisvolle Schweigen sein,
mit dem sich die Niedrigen dieser Erde nähren.

Befreiung

Der Herr gab Israel einen Helfer;
der befreite sie aus der Gewalt der Syrer. 2. Könige 13,5

Vater, du bist nicht an erster Stelle unser Richter und Herr,
sondern unser Vater,
denn du hörst das Schreien deiner unterdrückten Kinder.
Du bist im Himmel,
wohin wir im Kampf unsern Blick richten.
Geheiligt werde dein Name,
dein befreiendes Eingreifen gegen die,
die in deinem Namen Menschen unterdrücken.
Es komme zu uns dein Reich.
Beginne deine Gerechtigkeit mit den Verarmten.

Es geschehe dein Wille, die Befreiung durch dich,
angefangen auf der Erde bis hin zum Himmel.

Das tägliche Brot,
das wir gemeinsam bereiten können,
möchten wir auch gemeinsam essen.
Vergib uns unsere Schuld,
unsern Egoismus – in dem Maße,
in dem wir den kollektiven Egoismus bekämpfen.
Und führe uns nicht in Versuchung,
die Menschen auszubeuten, um Reichtum anzuhäufen.

Vater, befreie uns von der Rache und dem Hass
gegen den Bösen, der unterdrückt und erdrückt.

Versöhnung

Denn Gott versöhnte in Christus die Welt mit sich selbst,
indem er ihnen ihre Übertretungen nicht anrechnete und
in uns das Wort der Versöhnung legte. *2. Korinther 5,19*

Gott aller Völker der Erde.
In Christus hast du alles versöhnt mit dir,
so dass uns nichts von dir trennen kann,
es sei denn, wir verlieren den Geist des Verzeihens.

Christus,
in deiner Gegenwart sind wir
manchmal unversehens überwältigt:
Du bleibst in uns
und wir bleiben in dir.

Komm, Geist des Auferstandenen,
in den Tagen,
an denen die Versöhnung
eine innere Anfechtung bedeutet.

Komm, Geist der Versöhnung,
um in uns zu singen
und uns aufzurichten
durch dein Vertrauen in uns.

Frieden

Frieden lasse ich euch zurück,
meinen Frieden gebe ich euch.
Nicht wie die Welt gibt, gebe ich euch.
Euer Herz lasse sich nicht beunruhigen und verzage nicht.
Johannes 14,27

Herr, je weiter ich gehe,
desto länger wird der Weg.
Ich stolpere über Dornen auf der Straße,
auf der man erstickte die Stimme der Befreiung.

Aber ich steh wieder auf und bin nicht allein.
Du begleitest meine Schritte.

Auf der Erde wird gesät werden der Friede,
der uns geschenkt wird
bei jedem Brechen des Brotes.

Deinen Schritten will ich folgen.
Frieden will ich verteilen.

Und wenn die Welt das Evangelium kennt,
wird sie endlich verwandelt sein
in Frieden und Heil.

Arbeit

Sechs Tage sollst du deine Arbeit tun,
am siebten Tage aber sollst du feiern,
damit dein Rind und dein Esel ruhen und
der Sohn deiner Sklavin und der Fremdling
aufatmen können. *2. Mose 23,12*

Du gütiger Vater im Himmel,
viele von uns können sich von ihrer Arbeit ausruhen.
Andere müssen arbeiten, damit wir versorgt sind.
Wir danken dir,
dass wir durch unsere Arbeit
zur Erhaltung der Lebensordnungen beitragen.
Wir möchten gewissenhaft tun,
wofür wir verantwortlich sind.
Bewahre uns vor leichtfertigem Umgang
mit den Schätzen dieser Erde.
Behüte uns vor unseren eigenen Erfindungen,
die die Natur zerstören
und das Leben der Menschen bedrohen.
Lehre uns die Achtung vor deiner Kreatur
und verhindere den Hochmut des Menschen über Menschen.

Treuer Gott,
schenke uns den Geist der Einigkeit und der Liebe.
Nimm von uns den Hass und die bösen Gedanken der Gewalt.
Hilf uns, wo wir nachlässig und unachtsam waren.
Verzeihe uns alle Trägheit und Sorglosigkeit.
Gib uns ein wachsames Herz
und einen verständigen Geist,
damit wir in unserer Arbeit
dich lieben und allein dir vertrauen.

Nachfolge

Wer nicht sein Kreuz nimmt und mir nachfolgt,
ist meiner nicht wert. *Matthäus 10,38*

Herr Jesus Christus, freundlich und demütig von Herzen,
wir hören deinen verhaltenen Ruf:
»Du, folge mir nach.«
An uns ergeht deine Berufung,
damit wir ein Gleichnis der Gemeinschaft leben und,
nachdem wir das Risiko eines ganzen Lebens
auf uns genommen haben,
Ferment der Versöhnung seien
in jener unersetzlichen Gemeinschaft, der Kirche.
Gib, dass wir mutig darauf antworten,
ohne im Treibsand unserer Ausflüchte zu versinken.
Komm, dass wir ganz aus dem Atem deines Geistes leben,
dem einzig Wesentlichen,
außer dem nichts sonst uns anhält,
unsern Weg neu aufzunehmen.
Von jedem, der mit dir zu lieben und zu leiden weiß,
verlangst du,
sich selbst zurückzulassen,
um dir nachzufolgen.
Wenn es nötig wird, mit dir zu lieben
und diesen oder jenen Zukunftsplan aufzugeben,
weil er deinem Plan zuwiderläuft,
dann komm, Christus,
und öffne uns zum unbeschwerten Vertrauen:
Zeige uns,
dass deine Liebe niemals vergeht
und dass dir nachfolgen bedeutet,
unser Leben hinzugeben.

Not

Siehe, Gott ist erhaben,
wir begreifen es nicht,
unerforschlich ist die Zahl seiner Jahre. Hiob 36,26

Manchmal, Gott, begreife ich dich nicht.
Ich stimme ein in die alte Klage der Menschen:
Wie kannst du es zulassen?!
Warum dies?!
Warum ich?!

Ich weiß keine Antwort und stoße an meine Grenzen.
Dann bist du zu groß für mich,
dann verstehe ich dich nicht und zweifle,
verzweifle an deinem Handeln
oder an dem, was ich für dein Handeln halte.
Wird sich einmal der Nebel auflösen?
Werde ich einmal verstehen, was mir jetzt unbegreiflich ist?

In dieser Situation, Gott,
gib mir den Mut, noch mit dir zu reden,
und sei es mit dem Schrei Jesu:
»Mein Gott, mein Gott, warum hast du mich verlassen?«

Nachtruhe

Im Frieden will ich mich niederlegen und einschlafen:
denn du allein, Herr, hilfst mir, dass ich sicher wohne.

Psalm 4,9

Ich habe heute nicht immer gespürt,
dass du bei mir bist, guter Hirte.
Aber jetzt, da ich zur Ruhe komme,
höre ich dich wieder
und glaube deinem Wort und weiß:
Dies war dein Tag.
Dafür danke ich dir.

Was ich heute nicht geschafft habe,
das sollte nach deinem Willen nicht geschafft werden.
Und was ich geschafft habe,
hast du geschafft, Herr.
Dafür danke ich dir.

Bitte gib mir eine gute Nacht
und einen gesunden Schlaf
und hilf mir, dass ich morgen mit dir
neu anfangen kann!

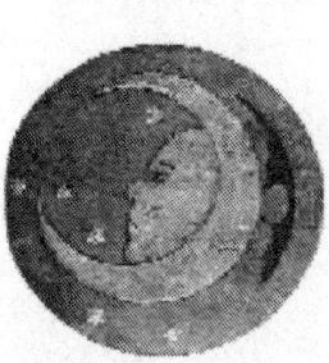

Erweckung

Wach auf, der du schläfst,
und steh auf von den Toten,
so wird Christus dir als Licht aufgehen. *Epheser 5,14*

Mach uns unruhig, o Herr,
wenn wir allzu selbstzufrieden sind;
wenn unsere Träume sich erfüllt haben,
weil sie allzu klein und eng und beschränkt waren;
wenn wir uns im sicheren Hafen bereits am Ziel wähnen,
weil wir allzu dicht am Ufer entlang segelten.
Mach uns unruhig, o Herr,
wenn wir über der Fülle der Dinge, die wir besitzen,
den Durst nach den Wassern des Lebens verloren haben;
wenn wir, verliebt in diese Erdenzeit,
aufgehört haben, von der Ewigkeit zu träumen;
wenn wir über all den Anstrengungen,
die wir in den Aufbau der neuen Erde investieren,
unsere Vision des neuen Himmels verblassen ließen.
Rüttle uns auf, o Herr,
damit wir kühner werden
und uns hinauswagen auf das weite Meer,
wo uns die Stürme deine Allmacht offenbaren,
wo wir mit schwindender Sicht auf das Ufer
die Sterne aufleuchten sehen.
Wir bitten im Namen Jesu Christi,
der die Horizonte unserer Hoffnungen
weit hinausgeschoben
und die Beherzten aufgefordert hat,
ihm zu folgen.

Angst

In der Welt habt ihr Angst;
aber seid getrost, ich habe die Welt überwunden.
Johannes 16,33 b

Atem der Liebe Jesu Christi,
überflute alle, die in Angst leben
und durch einen täglichen Tod gehen.
Durchdringe unsern Geist und unsern Leib
mit deiner Auferstehung.
Glücklich, wer sich dem gefährlichsten
aller Wagnisse aussetzt:
wer zusammen mit dir, Christus,
den Osterdurchgang erlebt.
Ja glücklich, wer dich, Jesus, du unsere Freude,
in deinem Todeskampf
wie auch in deiner Auferstehung begleitet.
Glücklich, wer sich die Hände von den Augen reißt
und nicht länger seine eigene Finsternis herbeiruft,
damit sie seine Weigerung bedecke.
Christus, du weißt:
Ohne es zu wollen,
verletzen wir manchmal unsern Nächsten,
wenn wir ihn berühren.
Du berührst uns,
ohne uns zu verletzen,
und sagst unaufhörlich zu uns:
»Habe keine Angst, ich bin bei dir.«

Anbetung

Aber die Stunde kommt und ist jetzt da,
wo die wahren Anbeter den Vater in Geist
und Wahrheit anbeten werden;
denn so will der Vater seine Anbeter haben. *Johannes 4,23*

Du König der Ehren,
dass du uns heimholst,
heimrufst,
heimliebst aus aller Verlorenheit –
    wir beten dich an.
Dass du deinen Sohn dahingibst,
um unserem Dahingegebensein ein Ende zu bereiten –
    wir beten dich an.
Dass du unseren Tod durch deinen Tod vernichtet hast –
    wir beten dich an.
Dass du unvergängliches Leben ans Licht gebracht hast –
    wir beten dich an.
Dass du unser altes Sein ans Kreuz
und ins Grab gerissen hast –
    wir beten dich an.
Dass du uns in deiner Auferstehung
neues Leben ermöglicht hast –
    wir beten dich an.
Dass du uns zu neuem Lob befreist,
zum Lob deines heiligen Namens –
    wir beten dich an.

Sterben und Tod

Christus Jesus,
der den Tod zunichte gemacht,
aber Leben und Unvergänglichkeit ans Licht gebracht hat
durch das Evangelium. *2. Timotheus 1,10*

O Gott,
du leidest unter dem Tod deiner Freunde,
doch lässt du uns nicht im Kummer versinken
über den Tod unserer Lieben.
Es fällt dir schwer,
den Tod derer anzunehmen, die wir lieben.

Durch Christus,
der für jeden Menschen im Todeskampf liegt,
leidest du mit jedem,
der durch solche Prüfungen geht.

Und im Auferstandenen kommst du,
um unsere unerträgliche Bürde zu erleichtern,
und öffnest uns die Augen,
dass wir staunen über deine Liebe.

Durch ihn sagst du unaufhörlich zu uns:
»Du komm und folge mir nach,
denn ich bin gütig und von Herzen demütig,
in mir wirst du Ruhe finden,
verlässt du dich auf mich,
wirst du ewige Heilung erfahren.«

Stundengebete

Bete und arbeite

BENEDIKT VON NURSIA

Benedikt von Nursia (480 – ca. 555) gründete als erprobter Einsiedler mehrere klösterliche Gemeinschaften in Oberitalien. Sein Hauptkloster wurde Monte Cassino. Seine Klosterregel, bekannt als Benediktinerregel, formte die Frömmigkeit des werdenden Europa. Sein Leitspruch »Ora et Labora« ist Kennzeichen für benediktinisches Mönchsein bis heute geblieben. In Benedikts Schwester Scholastika verehren die Benediktinerinnen bis heute ihre Patronin.

Benediktinische Übung

Die liturgische Bewegung einerseits und die vom Vaticanum II eingeleitete liturgische Erneuerung andererseits haben – jedenfalls im katholischen Raum – zu einer Rückbesinnung auf die Gebetstradition des »Stundengebets« beigetragen. In zahlreichen Gemeinden versucht man sie neu zu beleben, lädt zu Früh- oder Spätschichten, zu Vesper oder Komplet, bei besonderen Anlässen auch zu einer liturgischen Nacht ein und orientiert sich bei der Gestaltung bewusst an den überkommenen Strukturen und Elementen.
Das Stundengebet hat seine Wurzeln in der mehrmals täglich zum gemeinsamen Gebet und zum Hören der Lesungen sich versammelnden Gemeinde der frühen Kirche. Bald schon wurde dieser Gebetsdienst zunächst von den Klerikern an den Kathedralkirchen und dann vom aufkommenden Mönchtum fortgeführt, weiterentwickelt und gepflegt.
Auch Einzelne fragen zunehmend nach Psalmen, nach Hinführung zum »Stundengebet«.
Das hat mich zu dem Versuch ermutigt, einiges daraus für das persönliche Gebet am Morgen, im Laufe des Tages und am Abend vorzulegen – natürlich in veränderter Form, aber doch so, dass hoffentlich deutlich wird: Es geht darum, das Leben, das je eigene, konkrete Leben ins Gebet zu nehmen und das Gebet ins Leben hineinzulassen. Erwachsen ist dieser Versuch aus dem täglichen miteinander gefeierten Stundengebet in der Gemeinschaft, in der ich seit mehr als zwei Jahrzehnten als Benediktinerin lebe.

Angela Gamon OSB

Am Morgen

Herr, öffne mir die Lippen,
damit mein Mund dein Lob verkünde!

Mit dem Ruf »Herr, öffne mir die Lippen, damit mein Mund dein Lob verkünde!«, einem Vers aus dem 51. Psalm, lässt Benedikt seine Mönche die erste Gebetszeit des Tages eröffnen. Vielleicht klingt das unseren Ohren zu fromm, eben etwas für Mönche und Nonnen. Aber lassen wir uns doch wenigstens versuchsweise einmal auf diesen Vers als Morgengebet ein. Was sagt der so seinen Tag beginnende Beter? Sein erstes Wort heißt nicht »Ich«, sondern »Herr«. Bereits damit sind Weichen gestellt. Wer seinen Tag mit dem Vers beginnt

Herr, öffne mir die Lippen,
damit mein Mund dein Lob verkünde!

gibt diesem Tag, gibt sich selbst die Richtung, Ausrichtung, ja auch eine bestimmte Qualität. Wer sich vom Herrn die Lippen öffnen lässt, der redet nicht einfach drauflos, weder was den Inhalt noch was die Form betrifft. Bereits seinem Ton wird man die Achtung vor dem Gegenüber anmerken. Auch wo klärende Worte nötig sind. Erst recht, wenn gestritten werden muss. Übrigens weiß, wer so betet, auf wen hin er seinen Tag lebt. Sein Tag hat einen Sinn und ein Ziel: das Lob dessen zu verkünden, den er mit seinem ersten Wort angerufen hat.
Vermutlich wird es kaum einmal einen ganzen Tag lang gelingen, so achtsam mit seinen Worten umzugehen. Aber vielleicht erinnert man sich hin und wieder, wie man den Tag begonnen hat. Und vielleicht findet man dann zurück in die am Morgen eingeschlagene Spur.

Herr, öffne mir die Lippen,
damit mein Mund dein Lob verkünde!

Ein kurzes Gebetswort. Eines, für das immer Zeit bleibt. Es ist ein so kleines Gebet, dass es uns unter Umständen nicht genug sein mag. Lassen wir uns nicht irritieren, sondern beten wir es Tag um Tag als Morgengebet. Es kann gar nicht anders sein, als dass sich allmählich dadurch etwas in uns klärt. Wenn es zuerst die anderen bemerkten, wäre das nicht das Schlechteste.
Benedikt ließ seine Mönche den Ruf dreimal hintereinander beten. Spätestens beim dritten Mal ist einem bewusst, was man da spricht!

Nach dem dritten Mal sollten Sie das

Ehre sei dem Vater und dem Sohn und dem Heiligen Geist.
Wie im Anfang, so auch jetzt und allezeit und in Ewigkeit.
Amen.

anfügen. Ein uns seit Kindertagen vertrautes Gebetswort, mit dem wir nach alter Tradition unsere Gebete beschließen.
Einem anderen, Gott, die Ehre geben. Was bedeutet das? Bedeutet es überhaupt noch etwas für uns? Heute reden wir viel von »Ich-Findung«, von »Selbstverwirklichung« und »Selbstentfaltung«, von »Unabhängigkeit« und »Selbständigkeit«, und wir meinen, auf all das einen Anspruch zu haben. Die Frage, die uns immer wieder und zuerst beschäftigt, die wir laut stellen oder die im Herzen bohrt, heißt: In welcher Beziehung stehen die Dinge, stehen die Menschen zu mir? Dem anderen gilt da oft erst der zweite Gedanke. Ich bin der Bezugspunkt.

»Ehre sei dem Vater und dem Sohn und dem Heiligen Geist. Wie im Anfang, so auch jetzt und allezeit und in Ewigkeit.

Amen.« Eine Schlussformel, ja. *Nur* eine Schlussformel? Könnte der Vers nicht so etwas wie eine Wegspur durch den Alltag werden?

Gott die Ehre geben. – Zuerst und vor allem ist das ein Anerkennen und ein Zustimmen, dass da einer ist, der wichtiger ist als ich, einer, auf den ich hingeordnet bin, einer, von dem ich abhängig bin – so total abhängig, dass ich ohne ihn nicht da wäre, dass ich anders als durch ihn nicht zum endgültigen Leben finden könnte.

Aber diese Abhängigkeit ist von anderer Art als die zwischen uns Menschen. Sie engt nicht ein. Sie schafft Raum. »So wahr ich lebe, spricht Gott der Herr, ich habe nicht Wohlgefallen am Tode des Gottlosen, sondern daran, dass sich der Gottlose von seinem Wandel bekehre und am Leben bleibe« (Ezechiel, 33,11). Dieser Gott ist ein Gott der Lebenden. Er ist einer, der für mich sorgt als Vater. Er ist einer, der seiner Liebe zu mir (auch zu mir!) Gestalt gegeben hat – Menschengestalt: in seinem Sohn. Er steht zu seiner Liebe. Kreuz und Auferstehung des Sohnes sind Zeichen dafür. Bevor der Sohn heimkehrte zum Vater, hat er uns »einen anderen Beistand« (Johannes 14,16) gesandt und zu uns gesagt: »Er bleibt bei euch« (Johannes 14,17). In ihm, dem Heiligen Geist, ist Gott uns für immer präsent.

Wenn ich bete: »Ehre sei Gott dem Vater und dem Sohn und dem Heiligen Geist«, bekenne ich mich zu diesem Gott, binde ich mich an diesen Gott, überantworte ich mich diesem Gott, berge mich hinein in diesen Gott, suche ihn zu erkennen in dem, was mir begegnet.

»Ehre sei dem Vater und dem Sohn und dem Heiligen Geist. Wie im Anfang, so auch jetzt und allezeit und in Ewigkeit. Amen.« Ich bete so und vertraue darauf, dass er in allem, was mir begegnet, auf mich wartet, dass er sich von mir finden lassen will durch alles, was er mir auf den Weg schickt, was er mir zumutet: Freude und Leid – eigenes und das derer, die so oder so zu mir gehören, mir aufgegeben sind, in denen er mir begegnen will und denen er durch mich begegnen will. Indem ich mich auf diesen Gott hin loslasse, indem ich mich hineinwage in die Begegnung mit Gott, dem Vater, dem Sohn und dem Heiligen Geist, erfahre ich: Gott selber ist der Weg, die Wahrheit und das Leben. Er ist mein Weg zum Leben. Und da gibt es eigentlich nur noch eines: nach seinen Spuren Ausschau halten, seiner Stimme entgegenlauschen – auch und gerade inmitten der Betriebsamkeit oder in der Eintönigkeit meines Alltags.

Damit bin ich den täglichen Anforderungen keineswegs enthoben. Kummer und Freude, Krankheit, Leid, Bedrängnisse und Schwierigkeiten wollen nach wie vor bestanden werden. Und doch hat sich etwas verändert: Mein Bezugspunkt ist ein anderer geworden. Er heißt nicht mehr »Ich«, sondern »Gott«. Und darum gilt in jeder Situation – ganz gleich, wie schön oder wie schwer sie für mich ist: »Ehre sei dem Vater und dem Sohn und dem Heiligen Geist.« Das ist jetzt keine bloße Schlussformel mehr, sondern eine – meine – Wegspur. Und weil Gott treu ist, darf ich hinzufügen: »Wie im Anfang, so auch jetzt und allezeit und in Ewigkeit. Amen.«

Herr, öffne mir die Lippen,
damit mein Mund dein Lob verkünde!
Ehre sei dem Vater und dem Sohn und dem Heiligen Geist.
Wie im Anfang, so auch jetzt und allezeit und in Ewigkeit.
Amen.

Ein Gebet für *jeden* Morgen.

Mitten im Tagwerk

O Gott, komm mir zu Hilfe.
Herr, eile mir zu helfen!

An den Beginn der Tageshoren stellt Benedikt diesen Vers aus Psalm 70. Auch ihn beschließt er mit »Ehre sei dem Vater...«. Der Psalmvers begleitet uns durch den ganzen Tag. Wir beten ihn nicht nur zu Beginn der gemeinsamen Gebetszeiten, sondern auch zu Beginn der Arbeit.

O Gott, komm mir zu Hilfe.
Herr, eile mir zu helfen!

Ehre sei dem Vater und dem Sohn und dem Heiligen Geist.
Wie im Anfang, so auch jetzt und allezeit und in Ewigkeit.
Amen.

Es ist nicht gleich am Anfang so, aber wie beim Psalmvers am Morgen gilt: Je öfter man so betet, je länger man mit diesem Vers durch den Tag geht, desto hilfreicher wird er – bis man schließlich begreift: Der Angerufene selbst ist es, der mit einem geht. Wenn man ihn nur dabei sein lässt.
Einige Erfahrungen mit diesem Gebetswort seien hier weitergegeben – auch, um zu eigenen einzuladen.

O Gott, komm mir zu Hilfe.
Herr, eile mir zu helfen!

Einen anderen um Hilfe zu rufen gehört zu den Dingen, die uns am schwersten fallen.
Warum eigentlich?

Um Hilfe bitten:
Wir empfinden das als Zeichen von Schwäche
– und wir möchten doch so gern stark erscheinen,
in unseren Augen, in den Augen anderer.

Um Hilfe bitten:
Das könnte uns womöglich in Abhängigkeit bringen,
– und wir möchten doch so gern unabhängig, selbständig sein.

Um Hilfe bitten:
Vielleicht gar auf Hilfe angewiesen sein,
– wenn uns nur das nicht passiert, denken wir.

O Gott, komm mir zu Hilfe. Herr, eile mir zu helfen!
Wie oft wissen wir einfach niemanden,
an den wir uns mit und in unserer Not wenden könnten.
Es müsste einer sein, der mir irgendwie
Stütze zu sein vermag,
einer, der mich ob meiner Hilflosigkeit nicht verachtet,
einer, zu dem ich Vertrauen haben kann.
Ist GOTT das für mich?

O Gott, komm mir zu Hilfe. Herr, eile mir zu helfen!
Ein Hilferuf. Ein Hilfeschrei!
Da ist weder Raum noch Zeit für lange Erklärungen.
Nur um Hilfe schreien ist noch möglich.
Und: Da ist einer, der hört,
der sogar auf mein Rufen und Schreien wartet,
der auf mich wartet.

O Gott, komm mir zu Hilfe. Herr, eile mir zu helfen!
Es *muß* keine bedrängende Not sein, die mich so bitten lässt.
Mit diesem Ruf kann ich auch sagen:

Gott, hier bin ich, hier vor Dir.
Hab acht auf mich.
Bleib bei mir mit deiner barmherzigen Liebe.
Segne, was ich vor Dich trage.

O Gott, komm mir zu Hilfe. Herr, eile mir zu helfen!
Damit kann ich sagen:
Gott, hilf mir heute.
Schenke mir ein gutes Wort für die Menschen,
die du mir heute auf den Weg schickst.
Schenke mir ein offenes Ohr und Herz
für ihren Kummer und ihre Freude.
Sei Du dabei, wenn ich heute von anderen Menschen spreche.
Sei Du dabei, wenn ich von anderen Menschen reden höre.

O Gott, komm mir zu Hilfe. Herr, eile mir zu helfen!
So kann ich immer wieder beten im Laufe des Tages:

- Wenn ich meine Arbeit beginne.
  Das beeinflusst das Miteinander.
- Wenn ich ein Gespräch führen muss und noch nicht weiß, welche Richtung es nehmen wird, damit Verständigung möglich wird.
- Wenn ich einen Brief beginne.
  Damit mein Wort im Herzen des Adressaten ankommt.
- Wenn ich mich aufmache, um jemanden zu besuchen.
  Damit sich wirklich Begegnung ereignet.
- Wenn mir etwas auferlegt wird, von dem ich meine, es sei zu schwer für mich.
  Damit die Last mich nicht erdrückt.
- Wenn ich mich plötzlich sehr allein fühle.
  Damit der Boden unter meinen Füßen wieder fest wird.

In *jedem* Augenblick des Tages kann ich so beten.

O Gott, komm mir zu Hilfe. Herr, eile mir zu helfen!
So kann ich für mich bitten.
Und da hinein kann ich alle Menschen holen.
Alles Leid, alle Not, alle Freude.
Ich kann auch für jemand Bestimmten so beten:
»O Gott, komm ihm/ ihr zu Hilfe.
Herr, eile ihm/ ihr zu helfen!«

O Gott, komm mir zu Hilfe. Herr, eile mir zu helfen!
So beten bedeutet: Gott die Ehre geben.
Das ist unmodern, widerspricht heutigem Trend.
Gelegentlich sagen wir sogar zu jemandem, der uns seine Hilfe anbietet:
»Nein danke. Das ginge mir an die Ehre!«
Warum nur?
In seinem Sohn bietet Gott sich selbst als Hilfe an.
Immer neu.
Jeden Tag.
Jedem von uns.
Und unsere Antwort?
Meine Antwort?

Wo mir der Mut und die Kraft zur Antwort fehlen, darf ich bitten:

»O Gott, komm mir zu Hilfe. Herr, eile mir zu helfen!«

Mit diesem Gebetswort lässt es sich leichter durch den Tag gehen. Das ist jedenfalls meine Erfahrung. Allerdings: Man muss es immer wieder sprechen – und warten.

Vor Beginn der Nachtruhe

Wem als erstes Wort am Morgen die Anrede »Herr« auf die Lippen kam, wer in den verschiedenen Situationen des Tages immer wieder seinen Gott um Hilfe angerufen und ihm die Ehre zu geben gesucht hat, der wird sich am Abend nicht zur Ruhe legen können, ohne den Tag vor Gott zu ordnen, ohne den Tag an Gott zurückzugeben. Dazu gehören Rückblick, Dank und bewusstes, vertrauensvolles Aus-der-Hand-Legen des Tagewerks.
Privates Beten der Christen vor Beginn der Nachtruhe wird bei den Kirchenvätern des öfteren überliefert. Aber auch für das gemeinsame Beten gibt es frühe Zeugnisse. Konkrete Gestalt nimmt das kirchliche Nachtgebet, die Komplet (lat. Completorium = Vollendung, Abschluss) dann in den überlieferten Zeugnissen der ersten Hälfte des 6. Jahrhunderts an. Bereits Basilius (4. Jh.) erwähnt Psalm 91 als Komplet-Psalm. Er ist es bis auf den heutigen Tag geblieben – nicht zuletzt wohl wegen des grenzenlosen Vertrauens, das aus den Psalmworten spricht und das Gebet darum über die Jahrhunderte hinweg zu einem überaus passenden Nachtgebet werden ließ.

1 Wer unter dem Schirm des Höchsten wohnt,
wer im Schatten des Allmächtigen ruht,
2 der darf sprechen zum Herrn: »Meine Zuflucht,
meine Feste, mein Gott, auf den ich vertraue!«
3 Denn er errettet dich aus der Schlinge des Jägers,
vor Tod und Verderben.
4 Mit seinem Fittich bedeckt er dich,
und unter seinen Flügeln findest du Zuflucht.
5 Du brauchst dich nicht zu fürchten vor dem
Schrecken der Nacht,
noch vor dem Pfeil, der am Tage fliegt,

6 nicht vor der Pest, die im Finstern einhergeht,
noch vor der Seuche, die am Mittag verwüstet.
7 Ob tausend fallen an deiner Seite,
zehntausend zu deiner Rechten,
dich trifft es nicht; Schild und Schutz ist seine Treue.
8 Ja, mit eignen Augen darfst du es schauen,
darfst sehen, wie den Gottlosen vergolten wird.
9 Denn *deine* Zuversicht ist der Herr,
den Höchsten hast du zu deiner Zuflucht gemacht.
10 Es wird dir kein Unheil begegnen,
keine Plage zu deinem Zelte sich nahen.
11 Denn seine Engel wird er für dich entbieten,
dich zu behüten auf all deinen Wegen.
12 Sie werden dich auf den Händen tragen,
dass dein Fuß nicht an einen Stein stoße.
13 Über Löwen und Ottern wirst du schreiten,
wirst zertreten Leuen und Drachen.
14 »Weil er an mir hängt, will ich ihn erretten,
will ihn schützen, denn er kennt meinen Namen.
15 Er ruft mich an, und ich erhöre ihn; ich bin bei ihm in der Not,
reiße ihn heraus und bringe ihn zu Ehren.
16 Ich sättige ihn mit langem Leben
und lasse ihn schauen mein Heil.« *Psalm 91*

Nach alter Tradition schließen die Psalmen mit:
Ehre sei dem Vater und dem Sohn und dem Heiligen Geist.
Wie im Anfang, so auch jetzt und allezeit und in Ewigkeit.
Amen.

Der Psalm lässt sich auf verschiedene Weisen beten. Einige seien hier aufgezeigt. Sie werden, wenn Sie beginnen, ihn zu beten, Abend für Abend, neue, eigene finden – im Maße, in dem Sie die Bilder mit Ihrem Leben füllen und dann für sich entdecken.

- Man kann den Psalm beten, so wie er überliefert ist. Und es ist gut, das immer wieder einmal zu tun.

- Man kann einzelne Verse herausgreifen und »nur« diese Verse beten.

- Man kann zum Beispiel die Verse 3 - 13 in der Ich-Form beten:

  Er rettet mich aus der Schlinge des Jägers
  und vor allem Verderben.
  Er beschirmt mich mit seinen Flügeln...
  Schild und Schutz ist mir seine Treue.
  Ich brauche mich vor dem Schrecken der Nacht nicht zu fürchten...
  Der Herr ist meine Zuflucht,
  Ich habe mir den Höchsten zum Schutz erwählt...
  Er befiehlt seinen Engeln,
  mich zu behüten auf all meinen Wegen...

  Übrigens kann man diese Verse auch für einen bestimmten Menschen beten oder stellvertretend für einen, der nicht oder nicht mehr beten kann.

- Man kann den Psalm sprechen und man kann ihn auch singen – nicht nur in den überlieferten Psalmtönen, auch nach eigenen Melodien.

- Man kann den Psalm mit einer Antiphon rahmen. Nachstehend vier Antiphonen, die in unserer Gemeinschaft als Komplet-Antiphon entstanden sind und gesungen werden:

Ant.
I f 2

Abtei Herstelle, Komplet am Sonntag

Ant.
III g 3

Abtei Herstelle, Komplet an Festen, werktags

Ant.
I g 6

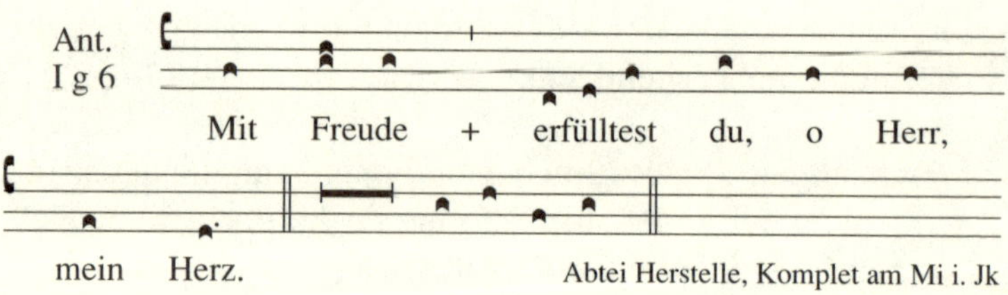

Abtei Herstelle, Komplet am Mi i. Jk

Ant.
I a

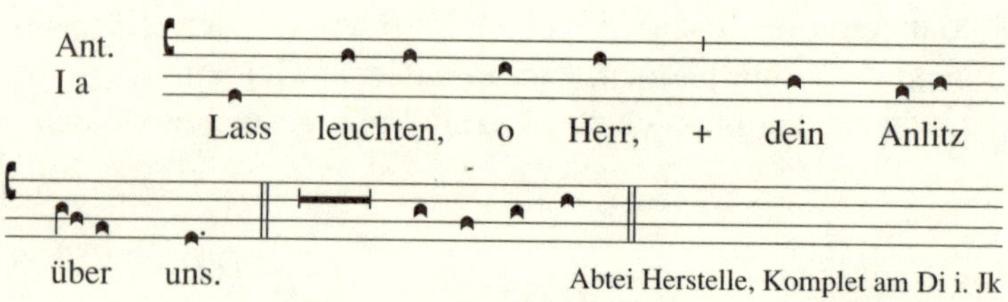

Abtei Herstelle, Komplet am Di i. Jk

- Man kann der Reihe nach jede Woche eine andere Antiphon zum Psalm singen/ beten. So ergäbe sich ein Vier-Wochen-Rhythmus.

- Man kann die Wahl der Antiphon vom »Tagesinhalt« abhängig machen und die jeweils »entsprechende« nehmen.

- Man kann die Antiphon als »Zwischenruf« nach den Versen 2, 4, 9, 13 des 91. Psalms setzen.

- Man kann seinen Tag einfach »nur« mit einer Antiphon »beschließen«.

- Man kann sie *einmal* singen/ beten. Man kann sie *wiederholen*, ja sich sozusagen in den Schlaf singen/ beten.

Wer diese kleinen Melodien immer wieder singt, wird eines Tages oder Nachts erleben, wie sie ganz von allein in ihm zu klingen beginnen.

Wer Psalm 91 zu seinem regelmäßigen Nachtgebet macht – in der einen oder anderen Weise –, wird erfahren, wie sein Herz sich beruhigt und still wird unter diesen Bildern des Vertrauens. Das kann gar nicht ohne Auswirkungen bleiben: auf den folgenden Tag, auf das eigene Herz.

Je tiefer wir Gottes Wort in unser Herz hineinholen, desto mehr wird es uns und unser Leben formen.

Bibelstellenregister

Die Bibelstellen sind wiedergegeben nach der Zürcher Bibel.

Die nachfolgenden Texte wurden mit freundlicher Genehmigung der Verlage abgedruckt:

Bibelzitate aus:
»Die Heilige Schrift des Alten und Neuen Testaments«.
1931/1955. © Genossenschaft Verlag der Zürcher Bibel.
Seite 74, 81 und 85 aus:
Die Quellen von Taizé. Herderbücherei Bd. 365.
Verlag Herder, Freiburg 15. Auflage 1987.
Seite 78 aus:
Blühen wird deine Wüste. Herderbücherei Bd. 1100.
Verlag Herder, Freiburg 1994.
Seite 87 aus:
Einer Liebe Staunen. Herderbücherei Bd. 819.
Verlag Herder, Freiburg 3. Auflage 1985.
Seite 71 aus:
Fahrt ins Staublose. Die Gedichte der Nelly Sachs.
Suhrkamp Verlag, Frankfurt am Main 1991.

3 4 5 01 00 99 98 97

Postfach 80 06 69, 70506 Stuttgart, Tel. 0711/ 78 80 30
Umschlaggestaltung: Jürgen Reichert, Stuttgart
Umschlagmotiv: Rosenkranzmedaillon Sonne und Mond
aus dem Engelsgruß von Veit Stoß, 1518, St. Lorenz, Nürnberg

Satz: Rund ums Buch, Rudi Kern, Nürtingen
Druck und Bindung: Clausen & Bosse, Leck
ISBN 3 7831 1515 9 (Kreuz Verlag)
ISBN 3 460 33131 3 (Verlag Katholisches Bibelwerk)